상한 마음의
치유와 용서

KB191936

상한 마음의 치유와 용서

발행일	2017년 10월 11일

지은이	임 동 환		
펴낸이	손 형 국		
펴낸곳	(주)북랩		
편집인	선일영	편집	이종무, 권혁신, 송재병, 최예은
디자인	이현수, 김민하, 이정아, 한수희	제작	박기성, 황동현, 구성우
마케팅	김회란, 박진관, 김한결		
출판등록	2004. 12. 1(제2012-000051호)		
주소	서울시 금천구 가산디지털 1로 168, 우림라이온스밸리 B동 B113, 114호		
홈페이지	www.book.co.kr		
전화번호	(02)2026-5777	팩스	(02)2026-5747

ISBN	979-11-5987-811-4 03230 (종이책)　979-11-5987-812-1 05230 (전자책)

이 도서의 국립중앙도서관 출판예정도서목록(CIP)은 서지정보유통지원시스템 홈페이지(http://seoji.nl.go.kr)와
국가자료공동목록시스템(http://www.nl.go.kr/kolisnet)에서 이용하실 수 있습니다.
(CIP제어번호 : CIP2017025418)

(주)북랩 성공출판의 파트너

북랩 홈페이지와 패밀리 사이트에서 다양한 출판 솔루션을 만나 보세요!

홈페이지 book.co.kr · **블로그** blog.naver.com/essaybook · **원고모집** book@book.co.kr

상한 마음의 치유와 용서

고통받는 나의 삶을 행복으로
이끄는 용서의 힘

| 임동환 지음 |

북랩 book Lab

추천사

인생은 누구나 그 마음에 크고 작은 상처를 안고 살아갑니다. 나도 모르는 사이에 다른 사람에게 상처를 주기도 하고, 다른 사람이 무심코 던진 말이나 행동에 깊은 상처를 입기도 합니다. 그런데 상처를 치료하지 않고 방치해두면 점점 악화되어 심각한 병이 되듯이, 마음의 상처도 제때에 치유하지 않으면 점점 깊어져 때로는 돌이킬 수 없는 결과를 초래하기도 합니다. 그러므로 육신의 상처든 마음의 상처든, 그냥 내버려두지 말고 적절한 조치를 취해야 합니다.

상한 마음을 치유하는 것은 쉬운 일이 아닙니다. 왜냐하면 상처를 주고받는 것은 아담의 범죄로 인한 죄의 결과이기 때문입니다. 사람은 자기 힘으로는 변화될 수 없습니다. 십자가를 통해 우리의 죄를 대속하신 예수님을 믿고 성령으로 거듭나야만 근본적인 변화를 경험할 수 있는 것입니다. 예수님께서는 우리의 연약함과 상처를 다 아십니다. 뿐만 아니라 주님께 나아가면 상처를 싸매고 고쳐 주십니다. 시편 기자는 하나님을 향하여

"상심한 자들을 고치시며 그들의 상처를 싸매시는도다"(시 147:3)라고 고백합니다. 또 히브리서 기자는 "우리에게 있는 대제사장은 우리의 연약함을 동정하지 못하실 이가 아니요 모든 일에 우리와 똑같이 시험을 받으신 이로되 죄는 없으시니라 그러므로 우리는 긍휼하심을 받고 때를 따라 돕는 은혜를 얻기 위하여 은혜의 보좌 앞에 담대히 나아갈 것이니라"(히 4:15~16)라고 권고합니다. 그러므로 상한 마음을 치유 받고 용서와 사랑의 삶을 살아가려면 치료의 근원이신 하나님께 나아가야 합니다.

임동환 목사님은 '상한 마음의 치유와 용서'라는 주제에 많은 관심을 가지고 그동안 목회 현장과 대학 강단에서 큰 역할을 감당한 분입니다. 이번에 CTS 기독교TV의 4인 4색에서 강의한 내용들을 책으로 출간한다니 기쁘게 생각합니다. 아무쪼록 이 책을 읽는 모든 분들이 상한 마음을 치유받고 서로 용서하고 사랑함으로써 더욱 밝고 행복한 인생을 살아가시기를 기도합니다.

여의도순복음교회
원로목사 조용기

들어가는 말

[20] 내 아들아 내 말에 주의하며 내가 말하는 것에 네 귀를 기울이라 [21] 그것을 네 눈에서 떠나게 하지 말며 네 마음 속에 지키라 [22] 그것은 얻는 자에게 생명이 되며 그의 온 육체의 건강이 됨이니라 [23] 모든 지킬 만한 것 중에 더욱 네 마음을 지키라 생명의 근원이 이에서 남이니라(잠 4:20~23)

사람들은 행복한 삶을 원한다. 행복한 삶을 위해서 열심히 공부도 하고, 직장 생활도 하고, 결혼하여 가정을 이루기도 한다. 그러나 정작 우리는 삶속에서 수많은 갈등을 경험하게 된다. 남편과 아내간의 갈등, 부모와 자녀간의 갈등, 직장에서 동료간의 갈등과 같이 우리가 경험하는 대부분의 갈등은 인간 관계에서 온다. 성경은 '마음을 지키라'고 말한다. 그러나 그 마음을 지킨다는 것이 쉬운 일이 아니다. 왜 마음을 지키기가 어려운 것일까? 우리들의 마음속에는 어린 시절부터 상한 마음이 자리잡고 있기 때문이다.

상한 마음은 치유되어야 한다. 상한 마음이 치유되어야 깨어진 관계가 회복되고, 갈등을 극복할 수 있는 힘이 생기기 때문이다. 상한 마음이 치유될 때 마음에 평화가 오고 용서가 가능하기 때문이다. 상한 마음이 치유되지 않으면 마음에 평강이 없고 일평생을 고통속에서 살아가게 된다. 마음속에 분노가 있어서 다른 사람들에게 자주 화를 내게 되어 주변의 가까운 사람들이 하나둘 사라진다. 자신의 가치를 늘 낮게 평가하여 열등감에 시달리게 되고 낮은 자존감을 가지고 살게 된다. 다른 사람에게 지나치게 인정받으려고 해서 사람들에게 집착하거나, 지나치게 방어적이 되어 거리를 둔다. 자신을 괴롭히는 죄책감속에 시달리게 되며, 마음속에 사랑에 대한 굶주림이 있어서 자신도 모르게 약물 중독, 알코올 중독, 인터넷 중독과 같이 각종 중독에 시달리게 된다. 두려움이 있으며, 뭔가를 새롭게 시작하는 것이 늘 두렵고 혹시 나에게 무슨 나쁜 일이 생기지 않을까 두려워하며 살게 된다. 이렇게 되면 하루 하루 사는 것이 사는 것이 아니다. 이런 상한 마음에서 벗어나지 않고서는 행복도 없고 평안도 없다.

대부분의 사람들은 자신에게만 이런 문제가 있다고 생각하고, 자신의 상한 마음을 감추고 살며, 아무런 문제가 없는 것처럼 가장하고 살기 쉽다. 그러나 알고 보면 정도의 차이는 있지만, 많은 사람들이 상한 마음을 가지고 살아가고 있다. 하나님은 우리가 상한 마음이 치유되어 우리 자신에 대하여 바른 가치관을 가지고 살기를 원하신다. 다른 사람들에게도 문제가 있을 수 있다는 것을 인정하고, 다른 사람들을 긍휼히 여기며, 마음의 여유를 가지고 살기를 원하신다.

 필자는 지난 20여 년간 상한 마음과 용서에 대하여 대학교와 목회의 현장에서 강의해 오면서 쉽게 읽고 적용할 수 있는 책자의 필요성을 느끼면서도 바쁘게 사역을 하다 보니 집필을 미루고 있다가, 금번에 CTS TV의 4인 4색 프로그램에서 '상한 마음의 치유와 용서'를 강의하면서 이 책자를 집필하게 되었다. CTS TV에서 '상한 마음의 치유와 용서'의 녹화를 하던 날 강의를 듣고 있던 한 분이 "이런 강의를 젊었을 때 들었으면 더 좋았겠다."고 아쉬움을 토로하는 것을 보면서, 이 강의의 내용을 방송만이 아니라 책자로 만들어 마음의 상함으로 힘들어 하고 있는 이웃들과 나누어야겠다는 생각을 하게 되었다. 강의와는 달리 책은 시간과 공간을 초월해서 누구에게나 어디서나 다가갈 수 있다는 장점이 있기 때문이다.

 이 책의 1장에서는 상한 마음의 성경적인 근거를 살펴볼 것이다. 성경에서 발견할 수 있는 상한 마음의 요소들을 찾아보려고 한다. 2장에서는 어린 시절부터 우리에게 상한 마음이 형성되는 주된 원인을 살펴볼 것이다. 3장에서는 상한 마음들을 어떻게 하면 치유할 수 있는지에 대한 성경적인 제안을 하려고 한다. 4장에서는 구약과 신약에 나오는 용서에 대하여 다룰 것이다. 5장에서는 용서의 전문가들이 이야기하는 용서의 과정을 살펴보고, 상한 마음을 가지고 살아가고 있는 한 가정의 이야기를 통하여 그들이 어떻게 하면 상한 마음을 치유하고 용서할 수 있을 것인가를 제언하고, 창세기의 요셉의 이야기를 통하여 요셉이 어떻게 상한 마음을 치유하고 용서할 수 있었는지를 생각해보고, 미국 증권가의 전설과 같은 '크리스 가드너'가 어떻게 상한마음을 극복하고 행복한 삶을 살 수 있었는지 생각해 보고자한다.

바라기는 이 책자를 읽고, 상한 마음 때문에 고통 받던 사람들이 자신의 마음을 돌아보고, 마음이 치유되고 상처를 준 사람들을 용서하여, 마음속에 평안과 기쁨을 가지고 살아갈 수있기를 바란다. 이제 상한 마음의 치유의 여정을 시작해보자!

2017년 10월
임동환

목차

추천사 … 004

들어가는 말 … 006

제1장 상한 마음의 원인

오대산 국립공원의 전나무 숲 이야기 … 014

성경에 나타난 상한 마음의 원인 … 016

상한 마음의 연결고리 … 018

제2장 상한 마음 발견하기

상처가 많은 부모 … 039

애정 표현의 부족 … 042

비교와 편애 … 044

상한 마음을 가진 배우자 … 046

부정적이고 폭력적인 말 … 049

제3장 상한 마음 치유하기

상한 마음의 연결고리를 깨뜨리자 … 052

신뢰할 수 있는 사람과 마음 치유의 여정을 시작하자 … 054

하나님은 상한 마음에 포로된 사람에게 치유를 주신다 … 057

하나님은 새로운 자화상을 주신다 … 060

하나님은 자존감을 회복시켜 주신다 … 062

하나님은 두려움에서 자유하게 하신다 … 068

하나님은 예배를 통하여 치유하신다 … 070

하나님은 우리를 사랑하시는 좋으신 하나님이시다 … 073

영적 전쟁을 선포하라 … 077

제4장 성경이 말하는 용서

구약에서의 용서 … 085

신약에서의 용서 … 088

예수님의 용서에 대한 가르침 … 092

제5장 어떻게 용서할 것인가?

용서란 무엇인가? … 097

용서의 과정 … 101

상한 마음의 치유와 용서의 적용 … 110

상한 마음을 치유하고 용서한 요셉의 이야기 … 114

상한 마음을 극복한 사람의 이야기: 크리스 가드너 … 130

나가는 말 … 133

미주 … 140

제1장

/

상한 마음의 원인

오대산 국립공원의
전나무 숲 이야기

나는 오래전에 오대산 국립 공원에 간 적이 있다. 그곳에는 아름다운 전나무 숲이 잘 조성되어 있다. 키가 큰 전나무들이 많이 있었는데, 전나무 숲을 걷다 보니 큰 전나무가 길가에 쓰러져 있는 것이 보였다. 쓰러진 나무를 치워두지 않고, 그냥 전시해둔 것이 궁금해서 가까이 가보니 그 나무가 왜 쓰러졌는지 그 이유를 알 수 있었다.

그 이유는 나무의 속이 썩어서 텅 비어 있었기 때문이다. 그 나무는 겉으로 보기에는 아무런 문제도 없는 훌륭한 나무로 보였을 것이다. 두세 사람이 손을 마주 잡아야 나무 둘레를 두를 수 있을 만큼 크고 웅장한 나무였을 것이다. 그러나 누구도 알아채지 못하는 사이에 그 나무의 속은 썩어들어가고 있었다. 썩어서 속이 텅비어 가던 어느 날 태풍이 불어왔다. 강하게 부는 태풍에 견디지 못하고, 그 전나무는 힘없이 쓰러져 버린 것이다.

사람들도 이와 같다. 겉으로 보기에는 아무런 문제가 없는 것 같지만, 실상은 어린시절부터 상한 마음으로 자신도 모르게 속이 썩어들어가고 있다가 결국 어느 날 예상치 못하는 인생의 태풍이 다가오고, 삶에 문제가 생길 때 자신도 모르게 분노하고, 폭발하며, 관계가 깨어지는 아픔을 경험하여 결국은 속이 썩어서 쓰러진 전나무처럼 쓰러지게 되는 것이다.

오늘 우리는 어떤가? 겉으로 보기에는 아무런 문제도 없어보이지만, 상한 마음으로 인하여 속이 썩어가고 있지 않은가? 마음이 상해서 마음의 평안을 잃어버리고 하루하루를 살아가고 있지는 않은가? 왜 우리는 상한 마음을 가지고 살게 되었는가? 성경에서 말하는 상한 마음의 근원은 무엇인지 살펴보자.

성경에 나타난
상한 마음의 원인

성경에 보면 상한 마음은 에덴동산에서부터 출발한다. 하나님은 세상을 창조하시고, 그 지으신 모든 세계를 보시며 하나님 보시기에 좋았다고 말씀하셨다(창 1:31). 하나님은 창조의 마지막에 아담과 하와를 지으시고, 그들에게 모든 것을 맡기셨다.

> 하나님이 그들에게 복을 주시며 하나님이 그들에게 이르시되 생육하고 번성하여 땅에 충만하라, 땅을 정복하라, 바다의 물고기와 하늘의 새와 땅에 움직이는 모든 생물을 다스리라 하시니라(창 1:28)

아담과 하와는 천지와 만물을 창조하는 데 있어서 하나님을 도와서 한 일은 아무것도 없었음에도 불구하고 하나님이 지으신 이 세상을 관리하는 청지기가 되었으니 큰 복을 받은 것이다. 그들은 매일의 삶이 은혜였고, 기쁨이었다. 하나님은 아담과 하와에게 동산 중앙에 있는 선악을 알게 하는 나무의 열매를 제외하고, 다른 열매는 모두 먹을 수 있게 해 주셨다. 하나님은 참으로 좋으신 하나님이시다.

어느 날 뱀이 하와에게 다가와 선악을 알게 하는 나무의 열매를 먹으라고 꾐으로 하와는 하나님이 금지하신 그 과일을 먹고 남편 아담에게도 주어 결국 그들은 에덴동산에서 쫓겨나게 되었다. 아담과 하와가 선악을 알게 하는 나무의 열매를 먹고난 후 그들의 마음속에는 상한 마음들이 생겨나게 되었다.

> [9] 여호와 하나님이 아담을 부르시며 그에게 이르시되 네가 어디 있느냐 [10] 이르되 내가 동산에서 하나님의 소리를 듣고 내가 벗었으므로 두려워하여 숨었나이다 [11] 이르시되 누가 너의 벗었음을 네게 알렸느냐 내가 네게 먹지 말라 명한 그 나무 열매를 네가 먹었느냐 [12] 아담이 이르되 하나님이 주셔서 나와 함께있게 하신 여자 그가 그 나무 열매를 내게 주므로 내가 먹었나이다(창 3:9~12)

상한 마음의 연결고리

상한 마음은 마치 쇠사슬이 연결된 것처럼, 여러 가지의 상한 마음들이 서로 연결되어 있다. 우리는 내 안에 있는 상한 마음이 무엇인지, 그 상한 마음이 형성되게 된 원인이 무엇인지 파악하고, 그 연결고리를 깨뜨려야 한다. 우리의 마음에 상한 마음을 가져오는 연결고리를 하나씩 살펴보자.

거절감

우리의 상한 마음의 첫번째 연결고리는 거절감이다. 아담과 하와는 에덴동산에서 뱀이 하는 말을 듣고, 하나님을 향한 거절감을 갖게 되었다. 아담과 하와는 하나님이 지으신 모든 것을 하나님으로부터 받았고, 그것을 관리하며 살았다. 그들은 하나님께 인정받고, 사랑받고 있다고 생각했다. 그러나 뱀의 말은 달랐다. 너희가 그 선악을 알게 하는 과일을 먹으면 하나님처럼 될 것이기 때문에 하나님이 그 과일을 먹지 못하게 했다는 것이다.

> 너희가 그것을 먹는 날에는 너희 눈이 밝아져 하나님과 같이
> 되어 선악을 알 줄 하나님이 아심이니라(창 3:5)

하나님처럼 될까봐 하나님이 그 과일을 먹지 못하게 했다는 뱀의 말을 듣고, 하와는 섭섭했다. 거절감을 느꼈다. '어떻게 하나님이 우리에게 그럴 수 있나?' 하는 생각을 하게 되었다. 그래서 자신도 선악과를 따서 먹고 아담에게도 주어서 먹게 한 것이다. 자신들을 그렇게 사랑하셔서 온 세상을 맡기신 하나님이 그깟 과일 하나 먹었다고 정말 죽게 할까? 하는 생각을 했을 것이다. 아담과 하와는 정녕 죽으리라는 하나님의 말씀보다, 죽지 않을 것이라는 뱀의 말을 더 믿었다. 하나님께 불순종한 결과로 아담과 하와는 에덴동산에서 쫓겨나게 되었고, 땅은 저주를 받

아 땀을 흘려야 먹을 수 있게 되었다. 에덴동산에서 쫓겨난 아담과 하와의 마음에는 버림받았다는 거절감이 가득했을 것이다.

상한 마음 중에 가장 큰 영향을 미치는 것은 거절감이다. 우리는 어려서부터 주변의 권위자들에게서 거절감을 갖게 된다. 부모, 선생님, 친구들과 같은 사람들이 우리를 인정해 주고, 사랑해 주기 보다는 무시하고, 다른 사람을 편애하고, 거절함으로 마음속에 버림받은 마음을 안고 살아 가고 있는 것이다.

대부분의 사람들은 어렸을 때 받았던 거절감을 마음의 방에 깊이 넣어두고 문을 닫아둔다. 그리고 잊어버리려고 한다. 그러다 성인이 되어서 배우자가 한마디 던진 말에서 어린시절에 받았던 거절감이 되살아나고, 직장이나 주변의 사람들에게서 인정받지 못하고, 무시당하거나 섭섭한 어떤 사건이 생기면 자신도 모르게 그 어린시절에 닫아두었던 마음의 방문이 열리면서 마음속에 숨겨 두었던 수많은 상한 감정들이 솟구쳐 올라온다. 그래서 남편과 아내간에 갈등하게 되고, 이웃과 갈등하게 되고, 직장에서 관계에 문제가 생기게 되는 것이다. 시간이 지나서 돌아보면 '그렇게 처리할 것이 아니었는데 왜 그랬을까? 왜 그때 내가 그렇게 화가 났을까?' 하는 생각을 하게 된다. 어떤 때는 자신속에 괴물이 살아있는 것 같아서 자신도 놀란다. 문제가 뭔가? 자신의 마음속에 어려서부터 받았던 거절감이 해결되지 않고 그대로 감추어져 있기 때문이다.

> **거절감 체크리스트**
>
> 어린 시절에 자신은 어떤 거절을 당했는지 기억해보자.
>
> - 나는 성장기에 부모님이나 주변의 가까운 사람에게서 마음의 상처를
>   입지 않았나?
> - 부모님은 자녀들 가운데 내가 아닌 다른 자녀를 편애하지는 않았나?
> - 마음의 상처를 입고 억울하게 느끼거나, 슬픔이 있지 않았나?

두려움

우리의 상한 마음의 두번째의 연결고리는 두려움이다. 아담과 하와는 '선악을 알게 하는 그 과일을 먹으면 하나님처럼 된다'는 뱀의 꼬임에 빠져서 그 과일을 먹고 나서 자신들이 하나님께 불순종했다는 사실을 알게 되었다. 그들은 두려움에 떨었다.

> [9] 여호와 하나님이 아담을 부르시며 그에게 이르시되 네가 어디 있느냐 [10] 이르되 내가 동산에서 하나님의 소리를 듣고 내가 벗었으므로 두려워하여 숨었나이다(창 3:9~10)

하나님께서 아담을 부르셨다. "네가 어디 있느냐?" 그러자 아담은 "내가 벗었으므로 두려워하여 숨었다"고 고백했다. 아담은 두려웠다. 하나님은 네가 그 열매를 먹으면 정녕 죽으리라고 하

셨기 때문에 어떤 심판이 그에게 있을지 두려웠다.

두려움을 가진 사람들은 마음이 늘 불안하다. 사람들을 만나는 것 자체가 힘들 수 있다. 어떤 부담스러운 이야기를 들을지 알 수 없기 때문이다. 두려움을 가진 사람의 문제는 새로운 시작을 하기 힘들어 한다는 것이다. 실패의 두려움 때문이다. 사업을 시작하는 것도, 결혼을 하는 것도, 어떤 새로운 시작을 할 때 과연 내가 잘 할 수 있을까? 하는 생각으로 아예 시작을 못하기도 한다.

두려움을 가진 사람은 책임전가를 잘한다. 아담에게 하나님이 "누가 너가 벗었음을 알렸느냐? 내가 먹지 말라고 한 나무의 열매를 너가 먹었느냐?"라고 물을 때 아담은 "하나님이 주셔서 나아 함께 있게 하신 여자가 그 나무 열매를 내게 주어서 내가 먹었다(창 3:12)"고 이야기 했다. 왜 책임전가를 하는가? 왜 변명을 하는가? 두렵기 때문이다. 내가 잘못했다고 인정하는 순간 다가올 심판이 두렵기 때문이다. 언제는 하나님이 주셔서 내 뼈중의 뼈라고 고백했던 하와를 이제는 하나님이 주신 여자 때문에 내가 이렇게 죄를 지었다고 책임을 전가하는 것이다. 이것은 하와에게만 책임을 전가하는 것이 아니라, 하나님께도 그 여자를 내게 주셨으니, 하나님의 책임도 있다는 것이다.

우리의 마음속에도 이런 두려움이 있지 않은가? 가만히 있다가 두려움이 올라올 때가 있다. 남편이나 아내가 집에 들어올 시간에 돌아오지 않을 때 갑자기 올라오는 두려움, 자녀들이 학교 갔다가 제시간에 귀가를 하지 않을 때 갑자기 올라오는 두려움, 배나 머리가 아프면 혹시 암이 아닌가 하는 두려움, 우리의 상한 마음이 두려움을 만든다.

두려움 체크리스트

- 잘 있다가 갑자기 마음이 불안해 지지는 않는가?
- 가끔 뭔가 잘못될지도 모른다는 두려움이 있지 않는가?
- 자신도 모르게 너무나 많은 약을 의존하고 살고 있지 않은가?

분노

우리의 상한 마음의 세번째의 연결고리는 분노이다. 아담과 하와는 하나님의 심판을 받아서 에덴동산에서 쫓겨나게 되었다. 하나님은 아담에게 이제 땅이 저주를 받아 얼굴에 땀을 흘려야 먹을 수 있을 것이며, 흙으로부터 왔으니 흙으로 돌아갈 것이라고 말씀하셨다.

> [17] 아담에게 이르시되 네가 네 아내의 말을 듣고 내가 네게 먹지 말라 한 나무의 열매를 먹었은즉 땅은 너로 말미암아 저주를 받고 너는 네 평생에 수고하여야 그 소산을 먹으리라 [18] 땅이 네게 가시덤불과 엉겅퀴를 낼 것이라 네가 먹을 것은 밭의 채소인즉 [19] 네가 흙으로 돌아갈 때까지 얼굴에

땀을 흘려야 먹을 것을 먹으리니 네가 그것에서 취함을 입었음이라 너는 흙이니 흙으로 돌아갈 것이니라 하시니라(창 3:17~19)

아담은 땅을 갈고, 씨를 뿌리며, 잡초를 뽑아주고 매일 매일 땀을 흘리며 땅을 경작하지 않으면 그 열매를 얻을 수 없었다. 과거에 에덴동산에서는 그냥 손만 뻗으면 얼마든지 농작물을 수확할 수 있었으며, 열매를 얻을 수 있었다. 에덴동산에서 쫓겨난 아담과 하와의 일상을 상상해보자. 거절감이 있는 사람은 분노하기 쉽다. 아담은 자신이 에덴동산을 잃고 수고해야 먹을 수 있는 것에 대하여 분노했을 것이다. 분노가 있는 사람은 자주 주변의 사람과 다투게 된다. 아담과 하와도 자주 언성을 높이고 다투었을 것이다. 아담은 하루 종일 나가서 땀 흘리고 수고한 것에 대하여 한탄하며 아내에게 쏟아 부었을 것이다. "왜 선악을 알게 하는 나무의 열매를 먹자고 해서 이렇게 고생을 하고 살아야 하냐"고 다투었을 것이다. 그렇다고 하와가 할 말이 없는 것은 아니었다. "나도 뱀에게 속았다, 나도 처음에는 먹을 생각이 없었다"고 변명하면서 부부의 싸움은 반복되었을 것이다.

아담과 하와의 분노가 가져오는 또 다른 영향을 생각해 볼 수 있다. 그것은 그들의 분노가 장남으로 태어난 가인에게 엄청난 영향을 미쳤을 것이라는 생각이다. 아이가 보는 앞에서 분노하고, 다투는 부모는 아이의 마음속에 불안과 두려움, 분노를 심어주고 있다는 것을 모른다. 부모가 아이들 앞에서 감정적인 대립을 하고, 다투는 것은 정말 조심해야 한다. 부모의 마음속에 있는 분노는 자신도 모르게 말을 통해서, 행동을 통해서 가정의 가장 약한 사람에게 영향을 미친다. 가정에서 가장 약한 사람은 자녀이다. 아담과 하와의 장남 가인은 분노하고 다투는 부모 아래서 성장했다. 서로를 비난하고, 하나님이 그들을 에덴동산에서 내쫓은 것에 대한 이야기가 그들의 대화의 주를 이루었을 것이다. 사람은 마음 속에 상처가 있으면, 그 이야기를 끊임 없이 반복한다. 그 이야기를 들으면서 가인의 마음속에서도 분노가 자라기 시작했을 것이다. 가인은 태중에서부터 아담과 하와의 언쟁을 들었는지도 모른다. 사람들의 모든 이야기는 자기 중심으로 전개된다. 아담과 하와는 자신들의 잘못과 허물을 이야기하지 않고, 하나님이 자신들에게 너무 하셨다는 식으로 부부간에 이야기했을 것이다.

부모 둘이서만 하는 이야기도 자녀들에게 들려질 때 자녀들은 그 이야기 속에서 상한 마음을 갖기도 한다. 필자도 어린 시절에 부모님께서 한밤 중 나 몰래 이야기를 나누시던 것을 경험한 적 있다. 부모님은 내가 자는 줄 알고 이런 이야기 저런 이야기를 하셨는데, 때로 그 이야기 속에는 부모님을 속상하게 하는 사람들이 등장했다. 그런 이야기를 들으면서 마음속에 부모님을 속상하게 한 그 사람이 미워지고 분했던 기억이 있다. 부모는 자녀들이 있는 곳에서 말을 조심해야 한다. 자신도 모르는 사이에 자녀들의 마음에 상한 마음을 심어 줄 수 있기 때문이다.

가인도 성장하여 어른이 되고, 가인의 동생 아벨도 성장하고 어른이 되었다. 한해의 수확을 하여 가인은 농산물로 하나님께 제사를 드리고, 아벨은 양으로 제사를 드렸는데, 하나님은 아벨의 제사만을 열납하셨다. 이때 가인의 분노가 터져 나왔다. "왜 하나님은 내 제사는 받지 않으시고, 아벨의 제사만 받으시는가?" 하는 것이다. '하나님은 부모님에게도 거절감을 주시더니, 나에게도 거절감을 주시는구나' 생각했을 것이다. 그는 분노하여 동생 아벨을 죽였다. 사실 그의 분노는 하나님을 향한 분노였지만, 대놓고 하나님께 분노할 수 없었기 때문에 그는 동생 아벨을 향해 분노하고, 동생 아벨을 죽인 것이다.

분노는 무서운 결과를 가져온다. 분노는 다른 사람을 다치게 하고, 심지어는 다른 사람을 죽이기까지 한다. 요즘 뉴스를 보면, 어떤 사람은 자동차를 운전할 때 다른 차가 잘못 끼어들었다고 해서 끝까지 좇아가서 다른 사람의 차를 야구 방망이로 때리는 사람, 도끼를 가지고 위협하는 사람, 주차장에서 차를 잘못 세웠다고 다른 사람의 차 유리를 깨뜨리는 사람들의 이야기들을 듣게 된다. 왜 그런가? 사람들이 분노의 상한 감정에 사로잡혀서 그런 것이다. 그들이 그날 당한 사건 이전에 오랜 동안 마음속에 감추어져 있던 상한 감정이 이미 마음 속에 깔려있다가, 속상한 사건을 만나는 순간 자신도 모르게 분노의 상한 감정이 올라와서 끔찍한 분노를 표출하게 되는 것이다. 이런 상한 마음이 치유되지 않고는 평안하게 살아갈 수가 없다.

분노는 건강에도 좋지 않다. 분노나 적대감을 장기간 마음에 두면 건강을 크게 해칠 수 있다. 미국 버클리 캘리포니아 대학의 존 스워츠버그 박사는 'UC 버클리 건강뉴스(U. C. Berkeley Wellness Letter)'에 기고한 논문에서 '분노와 건강의 연관성에 관한 연구보고서'들을 분석한 결과 분노를 오래 품고 있으면 면역체계를 약화시킬 수 있다는 사실을 밝혔다. 스워츠버그 박사는 분노와 적대감은 흡연, 음주같은 좋지 않은 습관을 유발시키고 또 스트레스 호르몬 분비를 증가시킨다고 밝히고 결국 이런 것들이 면역력의 약화를 가져온다고 지적했다. 특히 심장병 위험요인이 있는 남자와 심장병이 있는 폐경기의 여성들에게는 오랜 분노가 사망위험을 증가시키는 것으로 나타났다. 허혈성 뇌졸중을 겪은 사람의 약 40%가 뇌졸중 발생 2시간 안에 분노를 일으킬만한 일을 겪은 것으로 밝혀졌다.[1] 분노가 우리의 몸에 얼마나 위험한 독이 되는지를 알 수 있다.

굶주림

우리의 상한 마음의 네 번째의 연결고리는 굶주림이다. 굶주린 마음은 인정받지 못하고, 사랑받지 못할 때 생긴다. 태어나서 부모나 형제 등 주변의 가까운 사람들에게서 인정받지 못할 때 마음속에는 굶주림이 자란다. 야곱은 아버지의 사랑에 굶주려 있었다. 아버지 이삭은 에서를 편애하였다. 아버지는 사냥을 좋아하는 장남 에서를 가까이 했다. 그것을 멀리서 지켜보는 야곱의 마음은 애정의 결핍을 가져왔고, 그의 마음은 사랑에 굶주렸다.

굶주림은 부모가 자녀에게 무관심하거나, 사랑을 주지 않거나, 자녀를 사랑하기는 하지만 자녀의 입장에서 원하는 사랑이 아닌, 부모의 생각에 좋다고 생각하는 부모의 주관적인 사랑을 베풀 때 자녀들의 마음에 생기게 되는 상한 마음이다. 이런 굶주린 마음이 생기면 마음속에 우울함이 있고, 자신도 모르게 사람들에게 지나치게 인정을 받으려는 마음이 생긴다. 자신을 인정해 주지 않으면 공격성을 가지기도 한다. 굶주린 마음을 가진 사람은 누군가에게 지나치게 집착을 하여 사람들을 질리게 만들기도 한다. 한번 집에 놀러 오면 갈 줄을 모른다. 인정받고, 사랑받기 원해서 집착하는 것인데, 사람들은 반대로 멀어져 간다. 사람들을 질리고, 힘들게 하니 사람들이 멀어져 가는 것이다. 그런 속에서 또 다른 거절감을 느끼며 굶주림은 더욱 심해지게 되는 것이다.

굶주림이 있는 사람은 뭔가에 중독에 빠지기 쉽다. 마약 중독, 알코올 중독 등 이런 것에 굶주린 마음을 가진 사람이 빠지는 이유는 그런 중독의 대상이 거짓 친밀감으로 자신을 인정해 주고, 사랑해 준다고 생각하게 되기 때문이다. 필자가 노름을 하는 사람에게 "왜 그렇게 노름에 빠져 있느냐?"고 물었더니, 자신이 노름을 하러 가는 순간 그 노름이 자신에게 즐거움을 주고 기쁨을 주기 때문이라고 했다. 적어도 그 노름만은 자신을 거절하지 않는다는 것이다. 마음에 굶주림이 있는 사람은 자신도 모르게 가짜 친밀감이 주는 중독에 빠져들어간다. 지나친 폭식이나 과식도 마음의 허전함, 굶주림 때문일 수도 있다. 굶주린 마음을 가진 사람은 마음이 허전하기 때문에 배가 고픈 것으로 착각하여 뭔가를 계속해서 먹게 될 수도 있기 때문이다. 이런 경우에는 굶주린 마음이 비만의 원인이 되기도 한다.

열등감

상한 마음의 다섯 번째의 연결고리는 열등감이다. 정도의 차이는 있지만 우리 주변에는 열등감을 가지고 살아가는 사람들이 많이 있다. 열등감을 가지고 사는 사람들은 자신에게 관계된 것은 모두 열등하게 생각한다. 자신에게 자신감이 없기 때문이다. 열등감은 나 자신의 가치를 인정해주지 않는 것에서 출발한다. 사람들은 어려서부터 자신의 외모에 대한 열등감을 가지기도 하고, 어려서 누군가 이야기해 준 말이 열등감을 만들기도 한다. "너는 얼굴이 왜 그렇게 생겼니? 너는 이름이 왜 그러니? 너는 왜 그렇게 뚱뚱하니?" 이런 외모, 이름, 몸매 등에 대한 누군가의 지적은 열등감을 만들고, 자신의 가치를 인정할 수 없게 만들어 열등감에 시달리게 된다. 공부를 많이 할 수 없는 환경에서 자랐으면 학력에 대한 열등감이, 부모가 자녀 중 한 자녀에게만 편애를 하는 환경에서 자랐을 때에는 '내가 뭔가 못나서 부모가 나를 사랑하지 않는 구나.' 하는 열등감에 시달린다. 부모가 사회적으로 윤리적으로 문제가 있는 경우에도 열등감을 느 낀다. 부모가 일찍 돌아가셨거나 이혼을 하였을 경우에도 부모 의 부재에 따른 열등감을 느끼기도 한다.

열등감을 가진 사람은 스스로의 가치를 인정하지 않고, 분노 하고, 두려워하며, 그런 마음을 가지고 살아가는 것 자체에서도 열등감을 느낀다. 예를 들어서 어떤 친구가 나보다 좋은 집을 샀다고 하면, 거기서 열등감을 느낀다. "나는 뭔가? 나는 불행한 사람이다!" 그런 생각을 한다. 어떤 친구가 좋은 차를 샀다고 하 면 자신이 무능해 보이고 열등감을 느끼는 것이다. 그 열등감은 친구와 같은 종류의 차를 샀다고 사라지는 것이 아니다. 근본적 인 열등감이 치유되지 않으면 또 다른 부분을 다른 사람과 비교 하고 자신에게서 또 다른 열등감의 요소를 발견하기 때문이다.

야곱에게는 열두 명의 아들이 있었다. 그중에 야곱은 열한번 째 아들 요셉을 지극히 사랑했다. 요셉은 야곱이 각별히 사랑하 는 아내 라헬이 낳은 첫 아들이었다. 야곱은 요셉에게만 채색 옷을 입혔다. 이런 야곱의 편애는 다른 열한 명의 자녀들의 마 음속에 열등감을 심어주었다. 아버지의 그런 행동은 "나는 야곱 만을 사랑하고 너희는 사랑하지 않는다."는 무언의 메시지로 그 들에게 전달되었기 때문이다. 사실은 야곱 자신이 편애의 희생 자였다. 아버지 이삭이 형 '에서'를 편애해서 그는 아버지의 사랑 에 굶주린 삶을 살았다. 야곱은 자신이 편애의 희생자였음에도 불구하고, 요셉을 편애함으로 다른 아들들에게 열등감의 상처를 심어주게 되었다. 부모는 자신의 마음속에 있는 상한 마음을 자신도 모르게 자녀에게 전하고 있는 것이다.

야곱의 형들은 요셉을 죽이고 싶도록 미워했다. 아버지의 편애를 받고 살아가는 요셉만 없어지면 아버지의 인정과 사랑이 모두 자신들의 차지가 될 것이라고 생각했기 때문이다. 어느 날 아버지 야곱은 가축을 돌보고 있는 형들이 잘 있는지 알기 위하여 요셉을 형들이 있는 들판으로 보냈다. 형들은 드디어 때가 왔다고 생각했다. 그들은 처음에는 요셉을 죽이려고 했으나, 차마 동생을 죽일 수는 없어서 그 대신에 지나가는 노예 상인에게 요셉을 팔았다. 당시에 노예로 팔린다는 것은 '가족들과의 영원한 이별'을 의미한다. 다시는 집으로 돌아올 수 없는 길을 가게 되는 것이다. 형제들은 집에 돌아와 아버지에게 요셉이 맹수에 잡혀 먹힌 것 같다고, 그의 옷에 가축의 피를 적셔 가지고 와서 아버지에게 거짓으로 이야기했다. 요셉의 형제들에게 있었던 열등감이 얼마나 뜨겁고 고통스러운 감정인지 알 수 있다. 요셉의 형제들은 아버지의 편애에 대한 분노와 열등감에서 요셉을 노예 상인에게 판 이 사건이 자신들의 마음에 일평생 떠나지 않는 죄책감을 주는 일이 될 줄을 그때는 알지 못했다.

죄책감

우리의 상한 마음의 여섯 번째의 연결고리는 죄책감이다. 많은 사람들은 죄책감에 시달리며 살아간다. 사람들은 살아가면서 자신도 모르게 누군가에게 잘못을 저지르고, 죄책감을 가지고 살아간다. 자신도 모르는 사이에 누군가에게 상처를 주고, 누군가에게 아픔을 줄 때 자신이 행한 행동에 대한 죄책감이 생겨 시달리게 하는 경우가 많다.

요셉을 팔았던 형들의 마음속에도 죄책감이 있었다. 아버지가 요셉을 편애하기 때문에 그를 노예로 팔고, 죽었다고 거짓말을 하기는 했지만, 요셉이 죽었다고 통곡하고 우는 아버지 야곱을 보면서 그들의 마음속에는 죄책감이 들었다. 죄책감이 있는 사람은 살다가 무슨 특별한 문제가 생기면 자신의 죄 때문에 이런 어려움이 다가왔다고 생각하는 경우가 많다.

가나안 땅에 기근이 다가와 야곱의 집에 양식이 떨어졌다. 양식을 구하기 위해서 야곱의 아들들은 아직도 양식이 있다고 하는 애굽에 양식을 사러갔다. 그들은 노예로 팔려간 요셉이 애굽의 총리가 되어 있는 줄은 꿈에도 알지 못했다. 애굽에 노예로 팔려온 요셉은 보디발의 집에서 노예 생활을 하다가, 억울한 일을 당해 감옥에까지 가게 되었다. 요셉은 감옥에 들어온 관리에게 꿈을 해몽해 준 적이 있었다. 그 꿈은 그가 복직이 될 것이라는 꿈이었다. 훗날 애굽의 왕이 꿈을 꾸었는데 아무도 그 꿈을 해몽하지 못하자, 감옥에서 요셉에게서 꿈 해몽을 들었던 관리는 요셉이 생각이 나서 애굽 왕에게 요셉을 소개하였다. 요셉은 왕의 꿈을 해몽해 주고, 그 꿈을 어떻게 대처해야 할지까지 알려 주었다. 그 꿈의 내용은 앞으로 7년간 풍년이 오고 7년간 흉년이 올 것이니, 풍년이 왔을 때 흉년을 대비하여 창고를 짓고, 준비를 잘 하라는 것이었다. 왕은 요셉의 지혜에 감탄했다. 그는 그 자리에서 총리의 자리를 내어주고, 앞으로 다가올 미래에 대하여 준비해 달라고 했다. 그래서 요셉은 애굽의 총리가 되었던 것이다.

양식을 사려고 온 형들을 떠보기 위하여 요셉은 그들을 정탐꾼으로 몰았다. 그들이 애굽을 정탐하려고 온 정탐꾼이 아니냐고 몰아붙였다. 그러자 그들은 자신들은 정탐꾼이 아니며, 자신들은 열두 형제들이 있고, 한 명의 동생은 집에 있다고 이야기했다. 그러자 요셉은 그 말이 사실이면 그 동생을 데리고 오라고 했다. 요셉의 형제들은 요셉이 애굽 사람이라서 자신들의 말을 못 알아 듣는다고 생각하고 자신들이 과거에 요셉을 노예로 팔아서 우리에게 이런 일이 다가왔다고 이야기했다. 그들이 늘 죄책감에 시달리고 살았다는 증거이다. 죄책감을 가진 사람은 언젠가 내가 지은 죄로 인하여 벌을 받을지도 모른다는 두려움과 불안함을 가지고 산다. 죄에 대하여 자신도 모르게 민감해 하고, 죄가 있는 사람을 다른 사람보다 더 심하게 정죄한다. 자신에게 있는 죄책감을 가리고, 자신은 아무런 문제가 없는 사람인 것처럼 살아가기 때문이다.

죄책감 체크리스트

- 내가 과거에 행한 어떤 일 때문에 마음이 불안해 질 때가 있지 않은가?
- 자신도 모르게 다른 사람을 심하게 정죄하고 있지 않은가?
- 누군가에게 비판을 받으면 견딜 수 없는 분노를 느끼지 않는가?

지금까지 살펴본 바와 같이 성경에서 볼 수 있는 거절감, 두려움, 분노, 굶주림, 열등감, 죄책감 등의 상한 마음은 단지 성경에만 존재하는 것이 아니다. 오늘 우리에게도 이런 상한 마음들이 존재하고 있다. 어려서부터 부모님이나 주변의 권위자에게서 충분히 인정받고, 사랑받고 살기를 원했지만, 그렇지 못했을 때 우리의 마음에는 상한 마음들이 자리를 잡는다. 어려서부터 생긴 이런 상한 마음들이 제대로 처리되지 않으면, 상한 마음은 언제

든지 삶에 나타나서 문제를 일으킬 수 있다. 다음 장에서는 우리에게 어떤 상한 마음들이 있으며, 그 상한 마음을 가져오는 원인이 무엇인지 살펴보자.

제 2 장

상한 마음 발견하기

성경에 등장하는 사람들에게도 상한 마음들이 있었던 것처럼 우리에게도 상한 마음이 존재한다. 우리의 마음속에 감추어진 상한 마음들은 왜 존재하게 되었을까? 그것은 우리가 태어나면서부터 어린 시절을 거쳐 장성하기까지 수많은 요인들이 우리의 마음에 상한 마음을 형성했기 때문이다. 우리에게 상한 마음이 형성되는 요인들을 살펴보자.

상처가 많은 부모

우리의 마음속에 상한 마음이 형성되는 가장 근본적인 원인은 우리를 낳고 양육한 부모들이 상처가 많은 사람이라는 사실에서 출발한다. 부모는 자녀들에게 상한 마음을 줄 수도 있고, 안정과 평안한 환경을 제공할 수도 있다. 부모가 성장하면서 충분히 인정받고, 사랑받고 살아왔다면 자녀들에게도 충분한 인정과 사랑을 베풀며 안정적인 삶을 제공할 가능성이 높다. 그러나 성장기에 부모에게서 인정을 받지 못하고, 사랑을 받지 못하고 살았다면, 자신들도 부모가 되어서 자신들의 자녀들에게 같은 상한 마음을 물려줄 가능성이 상당히 높다. 대개의 사람들은 어려서 부모에게 인정을 받지 못하고, 사랑을 받지 못하면 자신은 나중에 부모가 되면 자녀들에게 이런 상처를 주지 말아야겠다고 생각을 한다. 어떤 사람이 자신이 일평생 고통당한 자신의 상처를 자녀에게 심어주고 싶어하는 사람이 있겠는가? 그러나 그런 생각과는 달리 자신도 모르게 자신의 상한 마음을 자녀들에게 고스란히 전가하는 많은 부모를 보게 된다. 그 이유는 부모에게 상한 마음이 치유되지 않고 그대로 남아 있기 때문에 자신도 모르게 자녀에게 자신의 상한 마음을 대물림 하고 있기 때문이다.

김민수(가명)씨는 어린 시절의 부모를 생각하면 두려움과 분노가 올라온다. 그는 어려서부터 아버지의 사랑을 받고 살지 못했다. 그의 아버지는 평소에도 말수가 없고 자녀들에게 사랑한다는 표현을 하는 분이 아니었다. 술만 드시고 들어오는 날은 어머니와 싸우고 때로는 어머니에게 폭력을 행사하기도 했다. 밤이 새도록 아이들을 깨워서 한 말을 또 하고, 한 말을 또 하는 아버지를 보면서 마음속에 깊은 상처를 받고, 두려웠다. 그러나 어린 나이에 자신이 할 수 있는 것은 아무것도 없었기 때문에 부모가 싸우는 방의 구석에 앉아서 늘 울고 있었다. 청소년기가 되면서 자신도 힘이 생겨 아버지에게 반항하며 분노했던 자신의 모습이 기억난다. 그러면서 자신은 절대 어른이 되면 이런 아버지가 되지 말아야겠다고 결심하고는 했다.

김민수씨는 결혼을 하여 아내와 자녀들과 함께 행복한 삶을 꿈꾸었다. 적어도 아버지처럼 살지는 않겠다고 결단했다. 그런데 정작 자신도 아버지와의 대화가 없었기 때문에 자녀들을 키우면서 자녀들과 어떻게 놀아주고, 대화를 해야 하는지 몰랐고, 자신도 모르게 자신의 아버지처럼 자녀들과 대화가 없는 아버지가 되어 갔다. 직장생활을 하던 회사에서 명예 퇴직을 하게 되어 작은 가게를 운영하게 되었으나, 자신의 생각대로 운영이 되지 않아 빚이 점점 늘어가면서 스트레스를 풀기 위하여 술을 마시기 시작했고, 집에 들어와서 아내와 자주 다투게 되었다. 김민수씨는 어느 날 방 구석에서 울고 있는 아이들을 보면서 자신이 과거에 당했던 그 아픔을 자신도 아내와 자녀들에게 고스란히 전하고 있는 것을 알게 되었다.

어린 시절 부모에게서 받은 상처는 잘 녹화된 비디오 영상처럼 자녀들의 마음속에 고스란히 간직되어 있다. 마음의 방에 감추어둔 상한 마음은 치유하기 전에는 자신도 모르게 어느 순간엔가 나타나서 삶 가운데서 배우자와 자녀, 이웃들에게 분노하고, 관계를 상하게 만든다.

애정 표현의 부족

영국의 인류학자 에슐리 몬터규는 『터칭』이라는 책에서, 엄마와 아기와의 스킨십의 중요성을 강조하고 있다. 아기를 안아주고, 쓰다듬어주며, 모유 수유를 통하여 엄마가 아기와 따듯한 체온을 나누는 것이 아이의 정서적 건강에 얼마나 큰 도움이 되는지를 이야기하고 있다. 부모가 자녀를 자주 안아주고, 자녀를 인정해 주고, 사랑한다고 말해주는 애정 표현이 자녀에게 큰 안정감을 준다.

게리 체프만은 『5가지 사랑의 언어』라는 책에서 사람들은 각자 다양한 방법을 통하여 자신이 사랑받는나는 느낌을 갖는다고 한다. 첫째, 어떤 사람은 인정하는 말을 해줄 때 사랑을 받는다고 느끼는 사람이 있다. 둘째, 어떤 사람은 말보다는 자신을 위해서 봉사하는 행동을 하는 것에서 사랑을 받는다고 느끼는 사람들이 있다. 셋째, 어떤 사람은 누군가 자신에게 선물을 줄 때 자신이 사랑받고 있다고 느끼는 사람들이 있다. 넷째, 어떤 사람은 자신에게 시간을 내어 주며 서로를 바라보고 같이 시간을 보내는 것에서 사랑을 받고 있다고 느끼는 사람이 있다. 다섯째, 어떤 사람은 손을 잡아주고, 안아주는 것과 같은 적절한 접촉을 통해서 사랑받고 있다고 느끼는 사람들이 있다. 이와 같이 사람들은 각자가 원하는 방식으로 사랑을 표현해 줄 때 자신이 사랑을 받는다는 느낌을 갖게 된다는 것이다. 우리는 사람들에게 각자가 원하는 방식으로 사랑을 표현해 주어야 한다.

권오진은 『놀이만한 공부는 없다』라는 책에서 부모와 자녀간의 스킨쉽을 통한 놀이를 통하여 자녀의 자존감이 높아진다고 이야기한다. 자녀들의 손에 스마트폰을 쥐어주고, 자녀들을 스마트폰 중독자가 되게 할 것이 아니라, 하루에 1분이라도 아버지가 자녀와 같이 스킨쉽을 하며 놀아주며 애정을 표현해 줄 때 자녀들은 지능이 향상되고, 안정감이 있는 자녀들로 성장하게 된다는 것이다. 어려서부터 부모로부터 적절한 애정 표현과 함께 스킨쉽이 없을 때 자녀들의 마음에는 사랑받고 있다는 마음이 사라지고, 상한 마음이 형성되게 된다. 피부는 제2의 뇌라고 한다. 아기를 안아주고, 만져줄 때 자녀의 지능이 높아지고, 안정감이 발달하게 된다.

그러나 유아기에 아이들을 안아주지 않고, 애정 표현을 해주지 않을 때 아이들은 불안해 하며, 성장에 장애를 가져오게 되고, 상한 마음을 마음속에 가지고 성장하게 된다.

비교와 편애

　비교와 편애는 마음속에 깊은 상처를 남긴다. 어려서부터 부모나 친척 등 주변의 사람들에서 받은 비교와 편애는 일평생 마음에 상처가 된다. 과거에 한국은 남아선호 사상 때문에 수 많은 딸들이 편애의 희생자로 살아야 했다.

　민숙희(가명)씨는 꼭 아들을 낳기 원하는 전형적인 남아선호 사상을 가진 부모 아래서 일곱째 딸로 태어났다. 부모가 아들을 낳기 위해서 계속해서 자녀를 낳다 보니 이미 일곱 명의 딸을 낳게 되었는데, 일곱째인 민숙희씨가 태어나자 아버지는 태어난 아기가 여자라는 것을 알고 딸의 얼굴도 보시 않고 나가서 밤새도록 술을 마시고 들어왔다고 한다. 여덟째로 낳은 아이가 아들이었다. 아들을 낳고 나서 부모의 모든 관심은 새로 태어난 사내 아이에 마음이 쏠려 있었다. 새 옷을 사더라도 아들을 위해서 샀고, 맛있는 것이 있어도 아들에게 먼저 주었다. 그렇게 되니, 다른 딸들은 사랑받고, 인정받지 못하여 마음속에 버림받은 마음을 가지고 성장하게 되었다. 민숙희씨의 마음에는 늘 남동생을 편애한 부모가 미웠다. 지금도 그 생각만 하면 분노가 올라오고 마음이 편하지 않다.

공부를 잘하는 형에게 칭찬과 격려를 해 주고, 공부를 잘 못하는 동생에게는 꾸중만 하게 될 때 동생의 마음속에는 인정받지 못하는 편애로 인하여 상한 마음이 생기게 된다. 부모가 자녀를 서로 비교하면서 단점을 지적할 때 그것은 마음속에 열등감과 함께 분노의 상처를 남긴다.

그 외에도 부모가 지나치게 권위주의적이거나, 날카롭고 신경질적일 때, 가정에 너무 높은 윤리적인 기준을 두고 자녀들의 허물과 잘못을 자주 지적할 때, 자녀들에게 대하여 지나치게 과잉보호로 양육할 때 혹은 반대로 너무 무관심하여 자녀에게 지나치게 허용적인 부모의 모습을 가질 때 자녀들의 마음속에는 상한 마음이 생기게 된다. 어려서부터 부모의 사랑을 받지 못하고 결손가정에서 자라는 것도 마음속에 사랑의 굶주림을 가져오고, 열등감을 가지게 한다.

상한 마음을 가진 배우자

　상처는 어린 시절에만 받는 것이 아니다. 이미 상처를 가지고 있는 사람에게 그 상처를 더욱 심각하게 만드는 것이 있는데, 그것이 바로 상처를 가진 배우자를 통해서 오는 상처이다. 이미 어려서부터 부모나 이웃으로부터 깊은 상처를 받은 상태에서 배우자가 깊은 상처를 가지고 있어서 계속해서 상처를 줄 때 깊은 상처를 받게 된다.

　필자는 결혼 주례를 요청하며 찾아오는 남녀들에게 꼭 들려주는 이야기가 있다. 그것은 결혼은 부부가 서로 의사가 되기도 하고, 환자가 되기도 한다는 것이다. 부부는 서로가 상한 마음이 있을 수 있다는 사실을 알아야 한다. 서로가 의사가 되어 많이 들어주고, 서로를 상한 마음이 있는 환자로 여겨 서로를 잘 돌보아 주어야 한다.

　예를 들어보자. 한 남편이 회사에서 화가 많이 나서 퇴근을 하였다. 남편은 아내에게 같은 회사에게 근무하고 있는 김 과장에 대하여 분통을 터뜨린다. 이럴 때 아내가 해야 할 역할은 남편의 편이 되어주는 것이다. 남편은 아내가 자신의 편이 되어줄 때 마음에 있던 속상한 마음을 털어놓게 되고, 그렇게 고백하면서 마음에 있던 분노가 점점 가라앉게 되는 것이다. 사실은 김 과장이 문제가 아닐 수도 있다. 이미 존재하는 남편의 마음속에 상한 마음과 분노의 감정을 김 과장이 스위치를 누른 것일 수 있다. 그러나 아내가 처음부터 남편에게 문제가 있다고 이야기하면 남편은 더욱 화를 내게 된다. 상한 마음이 있는 아내의 경우, 남편이 바깥에서 힘든 일을 당하고 들어왔는데 남편을 위로하는 것이 아니라, 오히려 남편을 비난한다. "당신이 뭘 잘못했으니 그러겠지. 김 과장이 그냥 그럴 사람이 아닌데."라고 아내가 남편을 비난하면, 남편은 더욱 분노가 끓어오른다. 이런 경우 처음에는 남편의 말에 동조를 해주고, 그 이야기를 들어주어야 한다. 그러면 시간이 지나면서 남편의 말이 바뀐다. "물론, 나도 잘했다는 것은 아니야! 나도 잘못은 있지." 이렇게 되면 마음이 가라앉고 있다는 것이다. 부부간에 서로가 아픔을 이야기하고 들어주게 될 때 마음에 평안이 오게 된다. 배우자가 상한 마음이 있다면 그 상한 마음의 치유를 위해서 부부가 서로 노력 해야 한다. 어려서부터 사랑받고, 인정받지 못한 배우자의 마음을 잘 싸매어 주어야 한다. 배우자는 서로의 상한 마음을 잘 치료할 수 있는 치료자가 되기도 하고, 상한 마음을 더욱 덧나게 해서 아프게 할 수도 있는 사람이다.

부부는 서로에게 많은 상처를 주는 존재이기도 하지만, 서로를 잘 치유할 수 있는 존재이기도 하다. 부부가 서로의 상한 마음을 치유하기 위해서는 서로 아픔을 경청하는 자세가 필요하다. 많은 부부가 갈등을 가지고 살아가는 이유는 서로가 어린 시절부터 가지고 살아온 상한 마음을 이해하지 못하기 때문이다. 필자는 갈등을 가지고 살던 부부가 서로 이해를 하지 못하며 서로를 원망하고 살다가 내적 치유 세미나에서 서로의 상한 마음을 고백하는 시간에 여태 말하지 않았던 서로의 아픔을 이야기하면서 서로의 알지 못했던 부분을 이해하고, 상대방에게 마음의 상처가 많이 있어서 부부간에 문제가 있었다는 것을 깨닫게 되면서 서로를 품어주고, 치유하는 부부가 되는 것을 보았다. 부부는 서로의 이야기를 경청해 주고, 서로의 상한 마음을 품어주며 살아갈 때 상한 마음이 치유되며 행복한 부부가 될 수 있다.

부정적이고 폭력적인 말

　말은 사람들에게 힘을 주기도 하고, 상한 마음을 주고 절망하게 만들기도 한다. 사람의 말이 중요한 것은 말에는 그 사람이 부여하는 의미가 담겨있기 때문이다. 긍정적인 말은 사람들에게 인정과 격려를 줄 수도 있고, 부정적이고 파괴적인 말은 사람들의 마음에 깊은 상처를 남길 수도 있다. 예수님은 우리가 잘못하여 "사람들을 실족케 하면 차라리 연자 맷돌을 그 목에 달리우고 깊은 바다에 빠뜨리우는 것이 낫다(마 18:6)."고 말씀하셨다. 우리가 부정적이고 파괴적인 말을 해서 우리 주변의 가족들과 이웃들을 실족하게 해서는 안 된다는 것이다. 부모는 자녀가 어려서부터 자녀에게 긍정적인 말을 해주고, 인격적으로 존중해주는 말을 해 주어야 한다. 자녀들에게 어려서부터 "이 바보야! 이 멍청아! 네가 뭘 할 수 있어? 너는 왜 누구보다 못하니?" 이런 자존감을 상하게 하는 말을 하기 보다는, 자녀를 인정해 주고 자녀가 다른 아이들과 다른 점이 단점이 아니라 장점이 될 수 있음을 이야기해 주며, 좀 더 자녀를 기다려 줄 수 있는 마음의 여유가 필요하다. 상한 마음을 가진 배우자의 아픔을 이해하고, 서로가 경청해 주고, 상한 마음을 어루만져 주며 격려의 말을 해 주어야 한다. 날마다 긍정의 말을 통하여 힘을 주고, 용기를 주어야 한다.

상한 마음은 치유되어야만 한다. 가능하면 이런 상한 마음들은 젊은 시절부터 발견되고, 회복되는 것이 더욱 좋다. 오랜 세월 이런 아픔을 가지고 살다 보면, 자신도 모르는 사이에 주변의 수많은 사람들에게 상처를 주고 자신도 큰 상처를 받아서 살아갈 것이기 때문이다. 젊은 청년들, 결혼을 앞둔 예비 부부들이 꼭 자신의 마음을 살펴보고 상한 마음의 치유를 경험하고 결혼 생활을 할 수 있기를 바란다.

우리는 마음속에 깊이 감추어져 있는 상한 마음들을 예수님께 가지고 나가야 한다. 예수님은 우리를 치유하시기 위해서 채찍에 맞으셨다. 그가 채찍에 맞으므로 우리는 나음을 받았다(사 53:5). 그것은 우리의 마음의 병, 육신의 병 모두를 낫게 하시는 대속적인 치유의 은혜이다. 예수님께 자신의 상한 마음을 내려놓자. 예수님은 오늘도 우리의 마음을 새롭게 하시고 새로운 피조물로서 살게 하신다. 성경은 상한 마음을 치유하고 상한 마음의 고리를 깨뜨리는 길을 우리에게 제시하고 있다. 어떻게 하면 상한 마음을 치유하고, 마음속에 있는 상한 마음의 고리를 깨뜨릴 수 있을까? 그 길을 다음 장에서 제시하고자 한다.

제 3 장

/

상한 마음 치유하기

상한 마음의
연결고리를 깨뜨리자

　앞장에서 우리는 사람들에게 여러 가지의 상한 마음들의 연결
고리들이 존재하고 있다는 것을 살펴보았다. 우리는 성경의 인물
들이 특별한 사람들이어서 아무런 문제도 없고, 약점도 없는 사
람이라고 생각하기 쉽지만, 그렇지 않다. 그들도 우리와 다를 것
이 없는 사람들이다. 그들도 다른 사람이 거절할 때 상처받고,
분노하며, 상한 마음을 가지고 살았으며, 그런 상한 마음으로 인

해서 수많은 문제들이 생겨나게 되었음을 알 수 있다. 그 사실은 우리도 상한 마음으로 인하여 고통 가운데 살며 평안을 잃고 살아갈 수 있다는 것이다. 누구에게나 상한 마음은 있다.

우리는 어려서부터 부모님이나 선생님, 형제들이나 친구들로부터 상처를 받아서 상한 마음을 가지고 산다. 우리 마음에 있는 이런 상한 마음은 쇠사슬의 고리가 연결되어 있듯이 서로가 연결되어 있다. 거절감을 느끼면 그것은 분노를 일으키고, 때로는 두려움과 열등감을 느끼게 하기도 한다. 이와 같이 연쇄반응을 일으키는 상한 마음의 연결고리를 깨뜨려야 한다. 어떻게 하면 마음속에 있는 상한 마음의 연결고리들을 깨뜨릴 수 있을까?

신뢰할 수 있는 사람과
마음 치유의 여정을 시작하자

상한 마음을 가진 사람의 대부분의 특징은 자신이 가지고 있는 상한 마음을 감추려고 하는 것이다. 필자가 내적 치유 세미나를 인도하면서 강의 후에 나눔의 시간을 갖다 보면 사람들은 대부분 자신이 가진 문제가 가장 크고 심각한 문제라고 생각하는 사람들이 많이 있다. 어렸을 때 내가 받은 거절감, 내가 가진 분노, 내가 가진 열등감은 정말 심각하다고 생각한다. 그런데 그곳에서 다른 사람들의 상한 마음을 들으면서 사람들 가운데 상처가 없는 사람이 없구나 하는 사실을 알게 된다.

우리는 교회에서 목회자와 같이 자신이 신뢰하고 자신의 비밀을 지켜줄 수 있는 사람과 함께, 상한 마음을 고백하고, 서로를 위하여 기도해 줄 수 있는 치유의 여정을 시작하는 것이 좋다. 상한 마음은 감추는 것이 아니라 드러낼 때 그 세력이 약화된다. 사람들이 자신의 상한 마음을 드러내는 것을 꺼리는 이유는 자신의 상한 마음을 드러낼 때 그것은 더 큰 문제를 일으키고, 마음에 고통을 줄 것 같은 두려움 때문이다. '내가 이런 말을 하면 다른 사람들이 나를 뭐라고 생각할까? 여태 아무런 문제도 없는 사람이라고 생각했는데, 알고보니 문제가 있는 사람이구나.' 하는 낙인을 찍을까 봐 걱정이 되는 것이다. 그러나 그것은 사탄이 우리에게 주는 속임수이다. 놀라운 사실은 우리가 자신의 상한 마음을 고백할 때 그 때 비로소 우리의 마음속에 상한 마음의 연결고리가 끊어지고, 상한 마음의 치유가 시작되기 때문이다.

> 만일 우리가 우리 죄를 자백하면 그는 미쁘시고 의로우사 우리 죄를 사하시며 우리를 모든 불의에서 깨끗하게 하실 것이요(요일 1:9)

> 그러므로 너희 죄를 서로 고백하며 병이 낫기를 위하여 서로 기도하라 의인의 간구는 역사하는 힘이 큼이니라(약 5:16)

성경에도 보면 서로 고백하며, 병이 낫기를 위하여 기도하라고 나와있다. 더 이상 감추려고 하지 말자. 병도 감추면 치료를 받을 수 없듯이, 의사 앞에 가면 모든 아픈 증상을 이야기하듯이, 나의 마음속에 있는 상한 마음을 고백하자. 요즘에 자신에게 일어나는 일은 고백의 대상이 아니다. 대부분 우리에게 문제가 되는 것은 어린 시절에 마음에 받은 상처가 문제가 된다. 어렸을 때는 힘이 없어서 상처를 받아도 대항하지 못하고, 그것은 깊은 상처가 되어 우리의 마음에 잠재해 있다가 결정적인 순간에 올라오기 때문이다. 어른이 되어서는 어떤가? 누군가 내게 상한 마음을 주어도 어른이 되면 그것을 다룰 수 있는 힘이 있기 때문에 큰 문제가 되지 않는다. 문제는 어린 시절의 상처이다. 그래서 나의 감정을 힘들게 하는 어린 시절의 상처를 돌아보고, 그 아픔을 나누고 서로 고백해야 한다. 고백을 하기 전에는 고백을 하는 것이 너무나 힘들고 어렵지만, 일단 고백을 하고 보면 고백은 우리의 상처를 객관적으로 볼 수 있는 시각을 갖게 해준다. 이제까지는 너무 아파서 제대로 살펴보지도 못했던 상한 마음을 객관적으로 바라볼 때 이제는 과거처럼 그렇게 아프게 느껴지지 않게 된다.

하나님은 상한 마음에
포로된 사람에게 치유를 주신다

　이 사진은 필자가 이스라엘 성지 순례를 갔을 때 갈릴리 호수에서 예수님이 베드로를 용서하는 것을 기념하는 교회의 마당에 있는 동상을 촬영한 것이다. 이 사진을 꺼내어 볼 때마다 상한 마음을 치유해 주시는 예수님을 생각하게 된다. 베드로는 예수님이 심문받으실 때 예수님을 모른다고 세 번이나 부인했다.

그럼에도 불구하고, 예수님은 부활하신 후 갈릴리 호수에 먼저 가셔서 제자들이 고기를 잡는 동안 떡과 물고기를 구워 식사를 준비해 주시고, 베드로에게 "네가 나를 사랑하느냐?" 물으시면서 그를 용서하시고 그에게 사명을 맡기셨다. 예수님은 베드로의 상한 마음, 좌절한 마음을 고쳐주신 것이다.

예수님은 수많은 사람들의 병을 고치셨다. 예수님은 육신의 병을 고치셨을 뿐만 아니라, 상한 마음도 고치셨다. 예수님은 나사렛의 한 회당에서 이사야의 말씀을 읽으시면서 이렇게 선포하셨다.

> [18] 주의 성령이 내게 임하셨으니 이는 가난한 자에게 복음을 전하게 하시려고 내게 기름을 부으시고 나를 보내사 포로된 자에게 자유를, 눈 먼 자에게 다시 보게 함을 전파하며 눌린 자를 자유롭게 하고 [19] 주의 은혜의 해를 전파하게 하려 하심이라 하였더라 (눅 4:18~19)

예수님에게 성령이 임하신 이유는 포로된 자에게 자유를 주며, 눌린 자를 자유롭게 하시기 위함이라는 것이다. 사람들은 상한 마음에 포로되어 살아간다. 어려서부터 받았던 상한 마음들, 그래서 생기는 두려움, 분노, 열등감, 굶주림 등 수많은 상한 마음들이 우리를 포로로 만든다. 그것에 눌려서 산다. 놀라운 것은 예수님이 우리를 포로된 삶에서, 눌려서 살아가는 삶에서 자유를 주시기 위해서 성령의 기름 부음을 받으셨다는 것이다. 그래서 우리가 예수님께 나가면 예수님은 우리를 포로됨에서 자유하게 하신다.

> [28] 수고하고 무거운 짐진 자들아 다 내게로 오라 내가 너희를 쉬게 하리라 [29] 나는 마음이 온유하고 겸손하니 나의 멍에를 메고 내게 배우라 그리하면 너희 마음이 쉼을 얻으리니(마 11:28~29)

예수님은 상한 마음을 가지고 살아가는 사람들, 인생의 수고하고 무거운 짐을 지고 살아가는 사람들을 초대하고 계신다. 내게 오라는 것이다. 내가 너희를 쉬게 하시겠다는 것이다. 우리에게 참된 쉼과 평안을 주시겠다는 것이다. 그래서 오늘도 우리는 마음의 상한 짐을 가지고 예수님께 나가야 한다. 그래서 예수님께 모든 상한 마음을 고백하고 내려 놓아야 한다.

하나님은
새로운 자화상을 주신다

성경은 우리가 예수님 안에 있으면 과거의 사람이 지나가고 새로운 사람이 되었다고 말한다.

> 그런즉 누구든지 그리스도 안에 있으면 새로운 피조물이라 이전 것은 지나갔으니 보라 새 것이 되었도다(고후 5:17)

우리가 예수님의 십자가 앞으로 나올 때 예수님은 우리의 상한 마음을 치유하시고, 새롭게 하신다. 과거에 나는 죄인이었다는 생각에서 늘 죄책감의 흑암속에서 살았지만, 이제는 예수님의 십자가의 은혜로 하나님의 아들의 나라로 옮겨져 예수님 안에서 의인이 되었다는 새로운 자화상을 가지게 되었다(골 1:13). 과거에 나는 무능한 사람이었지만, 성령이 나와 함께 하셔서 나는 성령의 권능을 받은 사람이 되었다는 새로운 마음이 생기게 되었다(행 1:8). 과거에 나는 가난하고 저주 가운데 사는 사람이라고 생각하고 살았지만, 이제는 십자가의 은혜로 아브라함의 복을 받았다는 새로운 마음이 생기게 되었다(살전 3:13~14). 과거에 나는 병들고 약한 사람이었지만, 예수님이 채찍에 맞음으로 나는 나음을 받았다는 새로운 마음이 생기게 되었다(사 53:5). 과거에 나는 상한 마음으로 좌절과 절망 속에서 살았지만, 이제는 십자가의 은혜로 영원한 천국의 사람이 되었다는 새로운 마음이 생기게 되었다(요 14:1~3). 예수님의 십자가는 우리를 치유하고, 우리의 삶을 변화시키는 놀라운 은혜의 자리이다. 우리는 날마다 십자가로 나가서 예수님이 주시는 새로운 자화상을 가지고 살아야 한다.

하나님은
자존감을 회복시켜 주신다

　윤홍균은 『자존감 수업』이란 책에서 자존감에 대하여 정의하기를 자존감은 '자신을 어떻게 평가하는가'에 달려있다고 했다. 자신을 높이 평가하면 자존감이 높고, 자신을 낮게 평가하면 자존감이 낮은 것이라는 것이다. 자존감에는 세가지 중요한 축이 있다고 한다. 자신이 얼마나 쓸모있는 사람인가 느끼는 '자기 효능감', 자기 마음대로 하고 싶은 본능인 '자기 조절감', 자신이 안전하고 편안하다고 느끼는 '자기 안전감'이다. 이런 수치가 높은 사람이 자존감이 높다는 것이다. 상한 마음이 있는 사람은 자신의 가치를 인정하지 못하고, 자신에게 높은 점수를 줄 수 없기 때문에 높은 자존감을 가지고 있지 않다. 자존감이 낮은 사람은 매사에 휘둘려 살기 쉽다. 자신을 가치있는 존재로 여기지 않고, 자신도 모르게 다른 사람과 자신과 비교하고, 자신을 보잘 것없는 존재로 생각하고 산다.

　성경에 보면 여호수아는 자존감이 낮고 두려움이 많은 사람이었다. 그는 모세의 뒤를 이어서 이스라엘 백성들을 이끌고 요단

강을 건너 약속의 땅을 정복해야 할 중요한 사명을 앞두고 있었는데, 그는 낮은 자존감과 두려움으로 인해서 도저히 자신이 이 일을 해낼 수가 없다고 생각했다. 그때 하나님은 그에게 다가와서 말씀하셨다.

> [6] 강하고 담대하라 너는 내가 그들의 조상에게 맹세하여 그들에게 주리라 한 땅을 이 백성에게 차지하게 하리라 [7] 오직 강하고 극히 담대하여 나의 종 모세가 네게 명령한 그 율법을 다 지켜 행하고 우로나 좌로나 치우치지 말라 그리하면 어디로 가든지 형통하리니 [8] 이 율법책을 네 입에서 떠나지 말게 하며 주야로 그것을 묵상하여 그 안에 기록된 대로 다 지켜 행하라 그리하면 네 길이 평탄하게 될 것이며 네가 형통하리라 [9] 내가 네게 명령한 것이 아니냐 강하고 담대하라 두려워하지 말며 놀라지 말라 네가 어디로 가든지 네 하나님 여호와가 너와 함께 하느니라 하시니라 (수 1:6~9)

여호수아에게 하나님은 '마음을 강하게 하고, 담대하라'고 말씀하셨다. '이 율법 책의 말씀을 주야로 묵상하라'는 것이다. 그러면 너의 길이 평탄하게 되고, 하는 일이 형통하게 될 것이라는 것이다. 다른 말로 말하면, 그가 하는 모든 일들이 잘 풀리게 될 것이라는 것이다. 여호수아는 율법의 말씀을 묵상하기 시작했다. 여호수아는 하나님의 약속의 말씀 속에서 하나님의 자신을 향한 놀라운 인정을 발견할 수 있었다. 하나님이 자신을 대단한 사람으로 보고 계시고, 자신도 대단한 일을 이룰 수 있는 사람인 것을 인식했다. 그래서 그는 자신도 할 수 있다는 자신감을 가질 수 있었다. 그는 하나님의 말씀을 읽고 묵상하면서 낮은 자존감이 회복되는 것을 경험하게 되었다. 하나님은 여호수아의 자존감을 회복시키고, 그의 마음의 두려움을 극복하게 하는 방법으로 하나님의 말씀을 묵상하게 하셨다는 것은 우리에게 중요한 교훈을 준다. 우리도 성경을 매일 읽고, 묵상하고, 그 말씀을 따라서 살아갈 때 낮은 자존감이 회복되고, 두려움을 이길 수 있게 된다.

우리가 성경을 묵상할 때 성경은 우리의 자존감을 회복시켜 준다. 성경을 읽고 묵상할 때, 그 가운데서 우리를 인정해 주시고, 우리에게 바른 평가를 주시는 하나님을 만날 수 있기 때문이다. 우리는 주변의 사람에 의해서 잘못된 비난과 평가를 받고 살아가는 경우가 많이 있다. 어려서 부모나 주변의 친척들에게서 "너가 뭘 잘 할 수 있어?" 이런 말을 듣고 자란 사람은 자신이 아무것도 제대로 할 수 있는 것이 없고, 자신은 열등한 사람이라는 낮은 자존감을 가지고 산다. 어린 시절에 부모는 자녀에게 전지 전능한 사람이다. 어린이에게는 부모가 말하는 것이 진리이다. 부모가 너는 할 수 없다는데 감히 누가 토를 달 수 있겠는가? 그래서 일평생 그 말을 가슴에 새기고 산다. '나는 할 수 없다!'를 반복하며 낮은 자존감을 가지고 살아가는 것이다.

열등감에 사로잡혀서 살다보면 자신도 모르게 완벽주의자가 되어 가는 자신을 볼 수 있다. 사람들은 자신의 약점과 상한 마음을 보이지 않으려고 자신이 얼마나 완벽한 사람인지를 보여주려고 한다. 그러나 우리는 완벽한 사람이 되어야 하는 것은 아니다. 성경에 보면 인간이 완벽하기 때문에 하나님이 그들을 사랑하시고, 사용하신 것이 아닌 것을 알 수 있다. 오히려 하나님은 연약하고 부족한 것이 많음에도 불구하고, 혹은 완벽한 존재가 아님에도 불구하고, 사람들을 불러 쓰시고, 그들을 인정하시며, 사랑해 주셨다.

성경을 묵상할 때 하나님이 우리를 얼마나 귀한 존재로 보시는지 알게 된다. 다른 사람이 내게 뭐라고 이야기했든지 그것이 중요한 것이 아니다. 하늘과 땅을 지으시고, 우리를 창조하신 하늘의 아버지가 나를 귀한 존재이며, 사랑 받는 존재라고 말씀하시는 것을 기억해야 한다. 내가 완벽해서 하나님이 우리를 사랑하시고 인정하는 것이 아니다. 우리는 있는 그대로의 모습속에서 하나님의 인정과 사랑을 인식하면서 마음속에 기쁨과 평안이 회복되고, 상한 마음이 치유되게 된다. 예수님은 목수의 아들로 태어나 가난하게 사셨다. 그런데도 불구하고 예수님은 한 순간도 열등감에 사로잡혀 사시지 않았다. 왜냐하면 예수님은 하나님이 자신의 아버지이시며, 자신의 기도를 들어주시는 창조주 하나님 아버지이심을 알았기 때문이다. 예수님은 자신과 다른 사람을 비교하지 않으셨다.

75세의 아브라함이 이스라엘 민족의 조상이 될 수 있었던 것은 그가 돈이 많고, 유력한 집안의 사람이거나, 완벽한 사람이었기 때문이 아니었다. 아브라함은 결함이 많은 사람이었다. 그러나 그럼에도 불구하고 아브라함은 자신을 부르신 하나님을 믿었다. 75세의 나이에 타국에 이민을 간다는 것은 쉬운 일이 아니다. 75세에는 이민을 떠나는 것이 아니라 살던 곳에서 잘 정착하고 사는 것이 지혜로운 것이라고 생각할 수 있다. 그러나 아브라함은 하나님이 자신에게 주신 약속의 말씀을 믿었다. 그가 하나님의 말씀을 순종하고 떠날 때 하나님이 그에게 복의 근원이 되게 하셨다. 아브라함에게 열등감이 없었던 것이 아니다. 그는 어떤 순간에도 하나님이 자신과 함께 하셔서 자신을 돌보시고 복을 주심을 믿었다.

> [2] 내가 너로 큰 민족을 이루고 네게 복을 주어 네 이름을 창대하게 하리니 너는 복이 될지라 [3] 너를 축복하는 자에게는 내가 복을 내리고 너를 저주하는 자에게는 내가 저주하리니 땅의 모든 족속이 너로 말미암아 복을 얻을 것이라 하신지라 (창 12:2~3)

아브라함은 이 말씀을 늘 붙들고 살았다. 그는 자녀도 없고, 가진 것도 없어서 열등감에 사로잡혀 살 수 있었지만, 그때마다 그는 하나님이 자신을 사랑하셔서, 자신을 창대하게 하시고, 복을 주시는 하나님이심을 믿고, 하나님을 붙들었다. 오늘 우리도 하나님의 말씀을 묵상하며, 하나님이 나를 사랑하시고, 나를 인정해 주시며, 내게 복을 주시는 하나님이라는 사실을 잊지 말아야 한다. 내가 완벽한 존재라서 하나님이 나를 사랑하시고 나를 돌보시는 것이 아니라, 우리가 연약하고, 허물이 많아도 있는 모습 그대로 인정하시고, 사랑하시는 하나님이심을 알고 우리의 열등감을 하나님께 맡기고 자존감이 회복되고 상한 마음이 치유받아야 한다.

하나님은
두려움에서 자유하게 하신다

성경에 보면, 하나님은 마음속에 두려움을 가지고 살아가는 사람들에게 찾아오셔서 그들에게 두려워 말라고 말씀하신다. 우리의 마음속의 두려움에서 우리가 자유로울 수 있는 이유는 하나님이 우리의 상급이 되시고, 우리와 함께 하시기 때문이다.

이 후에 여호와의 말씀이 환상 중에 아브람에게 임하여 이르시되 아브람아 두려워하지 말라 나는 네 방패요 너의 지극히 큰 상급이니라(창 15:1)

내가 네게 명령한 것이 아니냐 강하고 담대하라 두려워하지 말며 놀라지 말라 네가 어디로 가든지 네 하나님 여호와가 너와 함께 하느니라 하시니라(수 1:9)

두려워하지 말라 내가 너와 함께 함이라 놀라지 말라 나는 네 하나님이 됨이라 내가 너를 굳세게 하리라 참으로 너를

도와 주리라 참으로 나의 의로운 오른손으로 너를 붙들리라

(사 41:10)

우리의 마음에 상한 마음으로 인하여 두려움이 다가올 때 우리는 하나님께 나아가 두려움을 주는 상한 마음을 치유하고, 하나님이 주시는 담대함을 간직하며 살아가야 한다. 하나님은 두려워하는 사람들과 함께 하시고, 그들을 붙들어주고 있다고 약속해 주신다.

성경에 보면 수많은 사람들이 두려움을 가지고 살았다. 하나님은 그런 두려움을 가진 사람들에게 하나님이 그들과 함께 하심을 알려주시고, 그들이 두려움을 치유하고 믿음으로 살아갈 수 있도록 길을 열어주셨다. 기드온은 두려움으로 인하여 하나님의 사자가 그를 사사로 부르셨을 때 자신을 하나님이 정말 부르셨는지 하나님께 두 번씩이나 '양털시험'을 했다. 그 정도로 자신과 같은 사람을 하나님이 부르실 리가 없다는 것이다. 그러나 하나님은 그에게 확신을 주셨다. 하나님의 사자는 기드온에게 '큰 용사여'라고 불렀다(삿 6:12). 하나님은 그의 백성들의 두려움을 치유하시고 담대하게 살아가도록 인도하신다.

하나님은
예배를 통하여 치유하신다

    예배는 하나님을 만나는 자리이다. 우리가 하나님께 나아가 찬송을 드리고, 말씀을 듣고, 기도할 때 하나님은 그 시간 우리의 마음을 어루만져 주신다. 예배 시간에 우리는 마음속에 상한 마음을 치유하시는 예수님의 십자가의 보혈을 의지하고, 예수님께 모든 것을 맡기고 기도해야 한다. 예수님은 약속하셨다. 예수님께 나아가 구하면, 예수님이 들어주시고 응답을 주신다. 우리가 좋은 것으로 자녀들에게 주기 원하는 것처럼, 우리에게 좋은 것 주시기 원하시는 하나님이 우리의 기도를 응답해 주시고, 좋은 것을 주신다.

> [7] 구하라 그리하면 너희에게 주실 것이요 찾으라 그리하면 찾아낼 것이요 문을 두드리라 그리하면 너희에게 열릴 것이니 [8] 구하는 이마다 받을 것이요 찾는 이는 찾아낼 것이요 두드리는 이에게는 열릴 것이니라 [9] 너희 중에 누가 아들이 떡을 달라 하는데 돌을 주며 [10] 생선을 달라 하는데 뱀

을 줄 사람이 있겠느냐 [11] 너희가 악한 자라도 좋은 것으로 자식에게 줄 줄 알거든 하물며 하늘에 계신 너희 아버지께서 구하는 자에게 좋은 것으로 주시지 않겠느냐(마 7:7~11)

예배에서 우리가 하나님을 찬양할 때, 찬양 가운데 계신 하나님께서 우리의 마음을 치유하시고, 은혜를 부어주신다. 필자는 개인적으로 하나님을 찬양할 때 하나님을 경배하는 찬양을 많이 드린다. 하나님을 경배하는 찬양을 드릴 때 마음속에 임재하시는 하나님의 은혜와 치유를 경험할 수 있다. 예를 들면, "왕이신 나의 하나님, 내가 주를 높이고, 영원히 주의 이름을 송축하리이다."와 같은 찬양을 드리며, 하나님이 나의 왕이 되심을 고백하고, 나의 모든 연약함을 해결해 주실 것을 믿고, 찬양과 경배를 드릴 때 하나님의 은혜가 나의 마음을 가득 채우는 것을 알수 있다. 나의 왕이 되시는 하나님이 나를 돌보시고, 나의 상한 마음을 어루만져 주신다. "나의 힘이 되신 여호와여 내가 주님을 사랑합니다."라고 찬양하면, 예배의 자리에 임재하시는 하나님께서 "나도 너를 사랑한다. 내가 너를 축복한다."는 마음을 주신다. 예배 시간에 상한 마음을 가지고 나와 하나님께 기도하고, 맡길 때 하나님은 그 시간에 우리를 만나 주신다.

예배는 십자가의 은혜를 만나는 시간이다. 우리가 예배로 예수님께 나아갈 때 예수님은 십자가에서 흘리신 그 보혈의 은혜를 우리에게 주셔서 우리의 모든 아픔과 상함을 어루만져 주신다. 예수님은 부활의 주님이시다. 십자가에서 우리를 구원하시고, 우리의 상함을 치유하시기 위하여 죽으시고 부활하셨다. 예수님께 나오면 사망 권세를 깨뜨리시고, 부활하신 예수님은 우리에게 부활의 능력을 주신다. 우리의 옛사람, 상한 마음의 사람이 지나가고 새사람이 되어 부활하게 하신다(고후 5:17). 예수님의 부활의 권능으로 우리는 상한 마음이 치유된 새 사람으로 살아갈 수 있게 된다.

하나님은 우리를 사랑하시는
좋으신 하나님이시다

　우리는 성경이 우리에게 주는 믿음의 고백을 하며 살아야 한다. '나는 아무것도 못해. 나는 부족해.'가 아니라, '나도 가치있고, 대단한 사람이야. 나는 하나님의 사랑을 받는 사람이야. 내게도 좋은 일이 있다.' 이런 믿음의 고백을 해야 한다. 성경은 우리에게 말한다. 우리는 무엇이든지 할 수 있으며, 우리는 하나님의 특별한 사랑을 받는 존재라고 말씀하신다. 성경이 오늘 우리에 관하여 이야기하고 있는 몇 구절을 생각해 보자.

　　영접하는 자 곧 그 이름을 믿는 자들에게는 하나님의 자녀가 되는 권세를 주셨으니(요 1:12)

　　하나님이 세상을 이처럼 사랑하사 독생자를 주셨으니 이는 그를 믿는 자마다 멸망하지 않고 영생을 얻게 하려 하심이라 (요 3:16)

누가 우리를 그리스도의 사랑에서 끊으리요 환난이나 곤고나 박해나 기근이나 적신이나 위험이나 칼이랴(롬 8:35)

높음이나 깊음이나 다른 어떤 피조물이라도 우리를 우리 주 그리스도 예수 안에 있는 하나님의 사랑에서 끊을 수 없으리라(롬 8:39)

하나님이 우리를 얼마나 사랑하시는가? 하나님은 우리를 하나님의 자녀로 삼아주셨다. 하나님은 하나밖에 없는 하나님의 아들인 예수님을 십자가에 내어주셨다. 그것은 하나님이 우리를 죄에서 건져주시기 위해서 그 아들의 생명을 우리 대신 내어주신 것이다. 우리는 이런 놀라운 사랑을 받고 있다. 우리에게 상한 마음이 다가올 때 마다 기억하고 고백하라. "나는 하나님의 사랑을 받은 자녀이다. 하나님의 사랑에서 나를 끊을 수 있는 것은 아무것도 없다."

다윗은 사울 왕의 위협을 받으면서 언제 죽을지 모르는 삶을 하루하루 살아갔다. 그러나 그럼에도 불구하고 다윗은 하나님이 자신을 책임져 주시며, 자신에게 부족함이 없게 하시는 좋으신 하나님으로 바라보았다. 우리가 하나님을 믿고 의지할 때, 하나님은 우리의 모든 것을 채워주시고, 부족함이 없게 하신다.

[1] 여호와는 나의 목자시니 내게 부족함이 없으리로다 [2]

그가 나를 푸른 풀밭에 누이시며 쉴 만한 물가로 인도하시
는도다(시 23:1~2)

하나님은 모든 것이 합력하여 선을 이루어 주신다. 예수를 믿
는 사람도 때로 삶 속에 다른 사람에게서 상처를 받기도 하고,
어려움을 만나기도 하고, 사고를 당하기도 하고, 병에 걸리기도
한다. 예수를 믿는다고 문제가 없는 것이 아니다. 예수 믿는 사
람에게도 어려움이 있다. 그러나 어떤 어려움이 있어도 좋으신
하나님은 우리를 버리지 않으시고, 문제와 어려움 가운데 함께
하고 계신다. 하나님은 결국은 모든 것이 합력하여 선이 되게 하
신다. 우리가 형편이 어려운 가정에서 태어났어도, 좋은 환경에
서 좋은 학교를 나오지 못했어도, 좋은 집이 없고, 삶에 경제적
인 여유가 없어도, 하나님은 결국은 모든 것이 합력하여 선을 이
루시는 하나님이심을 믿어야 한다.

우리가 알거니와 하나님을 사랑하는 자 곧 그의 뜻대로 부
르심을 입은 자들에게는 모든 것이 합력하여 선을 이루느니
라(롬 8:28)

우리는 어린 시절부터 상처를 받고, 그 상처가 우리에게 상한
마음을 주어 매일, 매순간을 고통 가운데 살아갈 수도 있다. 그
러나 그럴 때마다 우리는 하나님이 그런 상처조차 합력하여 선

이 되게 하실 것을 믿어야 한다. 형들에게 팔려서 애굽의 노예가 되었으나 합력하여 선을 이루실 좋으신 하나님을 바라본 요셉처럼, 보디발의 아내의 참소로 감옥에 들어갔으나 합력하여 선을 이루실 하나님을 기대했던 요셉처럼, 우리의 상한 마음을 치유하고, 그 모든 아픔도 합력하여 선을 이루실 하나님을 바라보자. 좋으신 하나님을 바라볼 때 하나님의 치유의 은혜가 강물처럼 우리에게 넘치게 임하게 된다.

영적 전쟁을 선포하라

상한 마음의 치유에 있어서 빼놓지 말아야 할 중요한 이야기를 할 때가 되었다. 성경에 보면, 예수님은 우리의 선한 목자가 되셔서 우리에게 생명을 주시기 원하시지만, 마귀는 '도둑질 하고 죽이고 멸망시키는 존재'라고 이야기한다(요 10:10). 상한 마음의 치유를 위하여 잊지 말아야 할 요소는 우리가 상한 마음을 가지고, 불행하게 사는 것을 기뻐하는 존재가 있다는 것이다. 그가 마귀이다. 마귀는 아담과 하와에게 다가가서 그들을 에덴동산에서 쫓겨나게 만들고, 그들의 마음에 상한 마음을 심어준 이래로, 인류에게 다가와서 끊임 없이 사람들의 마음을 상하게 만들고, 관계를 깨뜨리며, 기쁨과 평안을 빼앗아가고, 마음을 부정적으로 만들고, 분노하고 고통하면서 살도록 부추긴다. 우리는 매일 마귀에 대항하여 영적 전쟁을 선포하고 마귀를 대적해야 한다.

예수님은 마귀가 우리에게 다가와서 우리의 마음 밭에 가라지를 뿌린다고 말씀하셨다.

> 가라지를 뿌린 원수는 마귀요 추수 때는 세상 끝이요 추수
> 꾼은 천사들이니(마 13:39)

마귀는 우리의 마음 밭에 부정적인 생각의 가라지를 뿌린다.
마귀는 우리의 마음에 '나는 실패자다. 나는 할 수 없다. 나는
안 된다. 나는 사랑받지 못하는 사람이다.'와 같은 부정적인 생각
의 가라지를 뿌려 댄다. 상한 마음을 가진 사람에게 이런 가라
지를 뿌려대면 상한 마음은 더욱 상하게 되고, 우울하고, 열등
감이 가득한 마음이 되고 만다. 우리는 마음속에 자신을 인정
하지 못하는 부정적인 생각이 다가올 때, 그것을 받아들이지 말
아야 한다. '나는 사랑받지 못하는 사람이다.'라는 생각이 다가오
는가? 그것은 하나님으로부터 오는 것이 아니다. 하나님은 "내가
너를 사랑한다. 너는 사랑받는 사람이다."라고 말씀하신다. '나
는 복된 사람이 아니다.'라는 생각이 다가오는가? 그것은 하나님
으로부터 오는 것이 아니다. 하나님은 "내가 너에게 아브라함의
복을 주었다."라고 말씀하신다. '나는 건강한 삶을 살 수 없다.'
는 생각이 다가오는가? 그것은 하나님으로부터 오는 것이 아니
다. 하나님은 "예수 그리스도가 채찍에 맞음으로 너는 나음을
받았다(사 53:5)."라고 말씀하신다. 우리는 마음을 지켜야 한다. 그
러면 아무리 마귀가 와서 우리의 마음 밭에 가라지를 뿌리려고

해도, 그 가라지가 우리의 마음 밭에 뿌리를 내릴 수 없다.

마귀는 우리의 마음 속에 있는 하나님의 약속의 말씀을 빼앗아 간다. 상한 마음을 회복하고 살아가는 데 있어서 중요한 것은 하나님이 주신 약속의 말씀을 붙잡고 마귀를 대적하며 살아가는 것이다. 하나님은 사람들에게 약속의 말씀을 주신다. 우리의 배후에는 항상 우리에게서 말씀을 빼앗아 가는 도둑이 있기 때문이다. 그가 마귀이다.

> 길가에 있다는 것은 말씀을 들은 자니 이에 마귀가 가서 그
> 들이 믿어 구원을 얻지 못하게 하려고 말씀을 그 마음에서
> 빼앗는 것이요(눅 8:12)

우리의 마음이 상하여 있을 때 마귀는 하나님의 말씀이 우리의 마음 밭에 깊숙이 뿌리를 내리지 못하도록 한다. 마귀가 우리의 마음에 뿌려진 하나님의 말씀을 그대로 낚아채 가기 때문이다. 우리는 하나님의 말씀을 읽거나 듣기 전에 먼저 우리의 상한 마음을 치유하고, 하나님의 사랑을 기억하며, 우리의 마음 밭에 와서 우리의 말씀을 빼앗아 가는 마귀를 대적해야 한다. 성령께서 역사하셔서 마귀가 우리 마음에서 하나님의 말씀을 도둑질하지 못하도록 해야 한다.

우리는 말을 지키고 살아야 한다. 성경은 마귀가 우는 사자 같이 삼킬 자를 찾기 때문에 우리는 근신해야 한다고 말한다.

근신하라 깨어라 너희 대적 마귀가 우는 사자 같이 두루 다
니며 삼킬 자를 찾나니(벧전 5:8)

마귀는 우리도 모르는 사이에 와서 우리를 삼키려고 한다. 그
래서 우리의 상한 마음을 그대로 다른 사람에게 전달하게 하려
고 한다. 상한 마음을 가진 사람의 문제는 나의 상한 마음을 다
른 사람에게 말로 전달하고 산다는 것이다. 부모가 상한 마음을
가지고 살면 자신도 모르게 자신의 상한 마음을 자녀에게 말로
전달하여, 자녀도 일평생 상한 마음 속에 살도록 하는 것이다.

말은 칼과 같다. 칼은 요리사가 사용하면 맛있는 음식을 만드
는 도구가 된다. 그러나, 강도가 사용하면 흉측한 도구가 된다.
잘 사용되는 말은 사람들을 치유할 수도 있고, 잘못 사용되는
말은 사람들의 마음속에 깊은 상처를 낼 수도 있다. 그래서 우
리는 상한 마음을 회복하는 말, 겸손의 말, 도와주는 말, 긍정의
말을 하고 살아야 한다.

말에는 힘이 있다. 말에는 강한 에너지가 있다. 건강한 말은
건강한 환경을 만들어 낸다. 상한 말은 상한 환경을 만들어 낸
다. 우리가 어려서부터 상한 마음을 갖고 살게 된 이유도 가만
히 생각해 보면, 상한 말에서 출발한 것이다. 인정해 주는 말보
다는 거절하는 말을 듣고, 사랑하는 말보다는 미워하는 말을 듣
고 살다 보니 이런 말들이 우리의 마음에 깊은 상처가 되어 우

리 스스로 마음속에 분노, 두려움, 열등감, 죄책감과 같은 상한 마음을 만든 것이다. 마귀는 오늘도 우리의 부정적인 말을 통하여 우리의 삶과 다른 사람들의 삶을 망가뜨리려고 한다. 그렇기 때문에 우리는 매일 영적인 전쟁 가운데 있다는 사실을 잊지 말아야 한다. 절대로 마귀에게 속아서 사람들에게 상처를 주는 말을 하지 말고, 다른 사람에게 상한 마음을 부추기는 마귀를 대적해야 한다.

> 그런즉 너희는 하나님께 복종할지어다 마귀를 대적하라 그리하면 너희를 피하리라 (약 4:7)

우리는 매일 가정에서, 직장에서, 교회에서, 사람들의 관계의 배후에서 일하고 있는 마귀의 세력을 대적해야 한다. 예수님은 우리가 이땅에서 묶으면, 하늘에서 묶이고, 이땅에서 풀면, 하늘에서 풀린다고 약속하셨다. 우리는 말로 묶기도 하고, 풀기도 한다.

> 내가 천국 열쇠를 네게 주리니 네가 땅에서 무엇이든지 매면 하늘에서도 매일 것이요 네가 땅에서 무엇이든지 풀면 하늘에서도 풀리리라 하시고 (마 16:19)

우리는 말로 마귀를 묶고, 말로 치유를 풀어내는 것이다. 이제는 마귀에게 속아서 다른 사람을 넘어뜨리고, 쓰러뜨리며, 상처를 주는 말을 하고 살 것이 아니라, 사람들을 세워주고 품어주는 말을 하고 살아야 한다. 우리는 우리의 혀를, 우리의 말을 성령의 은혜로 덮어야 한다. 우리는 우리가 매일하는 말을 지키고, 우리의 마음을 지켜야 한다. 우리는 한 걸음 더 나아가서 우리 주변의 사람들에게 인정의 말, 사랑의 말, 칭찬의 말을 해야한다. 칭찬은 고래도 춤추게 한다. 이런 긍정적인 말들이 우리 주변에서 상한 마음으로 고통받는 많은 사람들을 치유하고, 그들을 회복시키게 되는 것이다.

제 4 장

성경이 말하는 용서

우리는 상한 마음의 원인을 발견하고, 십자가로 나아가서 예수님이 우리에게 주시는 치유를 경험해야 한다. 믿을 만한 사람과 상한 마음을 나누고, 말씀을 묵상하며, 예배를 통하여 주님의 임재를 경험하고 그 속에서 우리에게 사랑을 베푸시는 하나님의 은혜를 받아들여야 한다. 이와 함께 중요한 요소가 있다. 그것이 용서이다.

예수님은 제자들에게 용서의 중요성을 강조하셨다. 기도하기 전에 먼저 용서하고 기도하라고 말씀하셨고, 예수님 스스로가 용서의 본을 보이기도 하셨다. 우리의 상한 마음의 치유는 용서로 열매 맺게 된다. 상한 마음이 치유되었어도, 나에게 상처를 준 사람을 용서하지 않으면, 자신도 모르는 사이에 상한 마음이 또 다시 올라와서 고통을 주는 것을 볼 수 있다. 그래서 우리는 예수님의 은혜로 상한 마음이 치유될 뿐만 아니라, 용서를 결단하여 실천함으로, 상한 마음에서 자유롭게 된다. 성경에서는 용서에 대하여 뭐라고 말하고 있는가? 구약과 신약에서 말하는 용서에 대하여 살펴보자.

구약에서의 용서

하나님은 용서의 하나님이시다. 구약성경에 보면 하나님은 아담과 하와가 범죄했을 때 그들의 수치를 가려주시기 위해서 동물을 잡아 그 가죽으로 아담과 하와에게 가죽옷을 지어 입혀 그들의 수치를 가려주셨다. 동물의 피 흘림으로 아담과 하와의 죄와 수치를 덮어 주시고, 용서해 주신 것이다.

구약시대에는 누구든지 자신의 죄를 가지고 나올 때 사람들은 자신의 경제적인 형편에 따라서 비둘기, 염소, 양, 송아지와 같은 동물을 가지고 나와 그 동물의 머리에 안수하며 자신의 죄를 자백하였다. 제사장은 그 동물의 피를 흘려 죽인 후, 그 동물의 각을 떠서 머리와 기름과 함께 번제단 위에 올려 불살라 화제를 드리면서 그 동물을 제물로 가져온 사람의 죄를 용서하여 달라고 하나님께 기도하였다. 동물의 피를 흘려 드리는 제사는 장차 오실 예수님이 우리를 위하여 십자가를 지시고 죽으셔서 우리의 죄를 용서하시고, 하나님과 우리가 화목하게 될 것을 보여주는 구약시대의 그림자이다.

솔로몬이 하나님께 성전을 지어 봉헌했을 때 하나님은 솔로몬에게 나타나서 말씀하시기를 이스라엘 백성들이 범죄하여 하늘의 문이 닫히고, 각종 질병이 다가올 때 하나님께 나아가 성전에서 기도하면 하나님은 그들의 죄를 용서해 주시겠다고 말씀하셨다(대하 7:12~15).

요셉의 용서

구약성경에 나오는 용서 가운데 가장 놀라운 용서는 요셉의 용서이다. 필자는 창세기 50장을 묵상하며, 요셉이 형들을 용서한 부분을 읽을 때마다 요셉이 얼마나 놀라운 용서를 베풀었는가를 깨닫고 감격한다.

> [19] 요셉이 그들에게 이르되 두려워하지 마소서 내가 하나님을 대신하리이까 [20] 당신들은 나를 해하려 하였으나 하나님은 그것을 선으로 바꾸사 오늘과 같이 많은 백성의 생명을 구원하게 하시려 하셨나니 [21] 당신들은 두려워하지 마소서 내가 당신들과 당신들의 자녀를 기르리이다 하고 그들을 간곡한 말로 위로하였더라(창 50:19~21)

아버지 야곱이 돌아가시고 난 이후에 요셉의 형제들은 두려움에 사로잡혔다. 그들은 아버지가 돌아가셨으니, 요셉이 자신들에게 보복을 하지 않을까 전전긍긍했다. 그래서 그들은 요셉에게 아버지가 돌아가시기 전에 형들을 해하지 말라는 유언을 하셨다고 이야기했다. 성경 어디에도 야곱이 세상을 떠나기 전에 아들들에게 그런 유언을 하는 장면은 보이지 않는다. 그러나 그런 형들을 보면서 요셉은 "내가 하나님을 대신하겠는가?"라면서 "형들은 나를 해하려고 했지만, 하나님은 그것을 선으로 바꾸셨다."고 고백하며 그들을 용서했다. 그리고 그들에게 두려워하지 말라고 말했다. 요셉은 이미 마음속에 있었던 상한 마음이 모두 치유되고, 그 형제들을 용서하고 있었던 것이다. 요셉은 어떻게 형들을 용서할 수 있었을까? 그 자세한 내용은 마지막 장으로 옮겨서 요셉의 이야기를 중심으로 좀더 심도 깊게 나누려고 한다. 요셉의 용서의 이야기는 우리에게 삶 가운데 다가오는 수 많은 상처와 고통을 해결할 수 있는 통찰력을 주며, 용서의 원리를 적용할 수 있는 좋은 기회를 제공하기 때문이다.

오늘도 우리는 상한 마음으로 고통 가운데 살아간다. 그러나 하나님은 우리가 그런 상처를 딛고, 용서하며 하나님의 놀라운 은혜 가운데 살기를 원하신다. 용서는 우리의 상한 마음과 미움을 극복하는 놀라운 하나님의 방법이다.

신약에서의 용서

돌아온 탕자를 용서하신 아버지

신약에서도 용서는 중요한 주제이다. 예수님은 이땅에 인류의 죄를 짊어지시고 돌아가신 후, 부활하셔서 사람들의 죄와 허물을 용서하시고, 의롭게 하시기 위해서 오셨기 때문이다. 예수님은 용서에 대하여 가르치셨다. 누가복음 15장에 보면 둘째 아들은 아버지에게 자신의 유산을 미리 달라고 하여 받은 재산을 다 팔아서 먼 나라에 가서 장사를 하다가 결국은 망하게 되었다. 먹고 살 일이 막연하여, 그 나라에서 돼지 키우는 일을 했는데, 그나마 마음껏 먹지도 못하는 어려운 상황이 되자, 집으로 돌아가 아버지께 자신의 죄를 고하고, 아버지 집의 종으로 써달라고 해야겠다는 생각을 하게 된다. 자신의 죄로 인하여 아버지가 자신을 아들로 받아 들여주시지는 않겠지만, 종으로는 써주지 않을까 하는 생각이었다. 그는 집에 돌아와서 놀라운 은혜를 경험하게 되었다. 아버지는 그에게 아들된 신분의 가락지를 끼워주고(이미 그는 아버지가 전에 주었던 아들된 신분의 가락지도 팔아먹은지 오래였다), 그에게 새 옷을 입혀주고, 새 신발을 신겨주며 송아지를 잡아 잔치를 열어 주셨다. 아버지는 둘째 아들의 죄와 허물을 모두 용서하고, 그를 종이 아닌 아들로 다시 받아들여 준 것이다. 예수님은 이 말씀을 통하여 하나님은 우리가 어떤 허물과 죄가 있다고 하더라도, 하나님 아버지께 돌아오기만 하면 우리를 용서해 주시고 품어주신다는 것을 가르쳐 주셨다.

음행 중에 잡힌 여인을 용서하신 예수님

예수님은 죄인을 용서하셨다. 요한복음 8장에 보면, 음행 중에 현장에서 잡힌 여인의 이야기가 나온다. 당시에 음행을 하다가 현장에서 잡히면 그 죄로 인하여, 돌에 맞아 죽었다. 사람들은 이 여인을 잡아 예수님 앞에 세우고, 율법은 이런 사람을 돌로 치라고 명하는데 예수님은 어떻게 하겠느냐고 물었다. 예수님이 만약에 돌로 치라고 하면, 사랑이 없다고 할 것이고, 놓아주라고 하면 율법을 어기는 것이니 비난의 구실이 되는 것이었다. 예수님은 "너희 중에 죄 없는 자가 먼저 돌로 치라."고 말씀하셨다. 이 말을 듣자, 그곳에 모여 있는 사람들은 모두 양심의 가책을 느끼기 시작했다. 죄 없는 사람이 세상에 어디 있겠는가? 사람들은 하나씩 돌을 내려 놓고 돌아갔다. 예수님은 여인에게 "나도 너를 정죄하지 아니 하노니 가서 다시는 죄를 범하지 말라(요 8:11)."고 용서해 주셨다.

제자 베드로를 용서하신 예수님

예수님은 제자 베드로도 용서해 주셨다. 베드로는 예수님이 잡히시던 밤에 예수님을 심문하는 곳에 따라 갔다가 그곳에서 예수님을 세 번이나 모른다고 부인했다. 이미 예수님은 베드로가 예수님을 오늘 밤에 세 번 부인할 것이라고 말씀하셨으나 베드로는 그 말을 믿을 수가 없었다. 어떻게 자신이 예수님을 부인하겠는가? 그것은 말도 되지 않는 이야기라고 생각했다. 그는 그런 일은 절대 없을 것이라고 호언장담했다. 그러나 그날 밤에 베드로는 예수님의 말씀처럼 세 번이나 예수님을 부인하고 말았다. 베드로는 절망했을 것이다. 이제는 더 이상 예수님이 자신을 용서하지 않을 것이라고 생각했다. 베드로는 절망하여 갈릴리 바다로 갔다. 그곳에서 그는 밤이 새도록 또 고기를 잡았다. 새벽에 갈릴리 바닷가에 먼저 오셔서 떡과 생선을 굽던 예수님은 베드로를 부르시고, 그에게 물으셨다.

> [15] 그들이 조반 먹은 후에 예수께서 시몬 베드로에게 이르시되 요한의 아들 시몬아 네가 이 사람들보다 나를 더 사랑하느냐 하시니 이르되 주님 그러하나이다 내가 주님을 사랑하는 줄 주님께서 아시나이다 이르시되 내 어린 양을 먹이라 하시고 [16] 또 두 번째 이르시되 요한의 아들 시몬아 네가 나를 사랑하느냐 하시니 이르되 주님 그러하나이다 내가 주

님을 사랑하는 줄 주님께서 아시나이다 이르시되 내 양을
치라 하시고 [17] 세 번째 이르시되 요한의 아들 시몬아 네가
나를 사랑하느냐 하시니 주께서 세 번째 네가 나를 사랑하
느냐 하시므로 베드로가 근심하여 이르되 주님 모든 것을
아시오매 내가 주님을 사랑하는 줄을 주님께서 아시나이다
예수께서 이르시되 내 양을 먹이라(요 21:15~17)

　　예수님은 베드로에게 "네가 이 사람들보다 나를 더 사랑하느
냐"고 물으시고, 그렇다고 대답하는 베드로에게 "내 양을 먹이
라."고 말씀하셨다. 예수님은 예수님을 모른다고 부인한 베드로
의 허물과 죄를 용서해 주셨다. 예수님은 제자들에게 죄 용서를
가르치셨을 뿐만 아니라, 스스로 죄를 용서하시는 삶을 사셨다.

예수님의
용서에 대한 가르침

예수님은 평소에도 다른 사람들의 죄를 용서해 줄 것을 강조하셨다. 우리가 다른 사람의 잘못을 용서하지 않으면 하나님께서도 우리의 잘못을 용서하지 않을 것이라고 가르치셨다.

> [14] 너희가 사람의 잘못을 용서하면 너희 하늘 아버지께서도 너희 잘못을 용서하시려니와 [15] 너희가 사람의 잘못을 용서하지 아니하면 너희 아버지께서도 너희 잘못을 용서하지 아니하시리라 (마 6:14~15)

예수님은 우리가 기도하기 전에 먼저 다른 사람을 용서하고 기도하라고 가르치셨다. 용서가 없는 기도는 무기력하다. 우리가 먼저 용서하고 기도해야 하늘에 계신 하나님이 우리의 죄도 용서하실 것이기 때문이다.

> 서서 기도할 때에 아무에게나 혐의가 있거든 용서하라 그리

하여야 하늘에 계신 너희 아버지께서도 너희 허물을 사하여
주시리라 하시니라 (막 11:25)

용서는 끝없이 해야 한다. 예수님의 제자 베드로는 예수님께
형제가 죄를 범하면 몇 번이나 용서하면 되냐고 여쭈어 보았다.
일곱번 정도면 되지 않을까 하고 베드로는 생각했던 것 같다. 그
러나 예수님은 베드로에게 놀라운 말씀을 하셨다. 일곱 번을 일
흔 번까지라도 하라는 것이다. 490번 용서하라는 것이다. 이것
은 끝없는 용서를 의미하는 것이다.

[21] 그 때에 베드로가 나아와 이르되 주여 형제가 내게 죄
를 범하면 몇 번이나 용서하여 주리이까 일곱 번까지 하오리
이까 [22] 예수께서 이르시되 네게 이르노니 일곱 번뿐 아니
라 일곱 번을 일흔 번까지라도 할지니라 (마 18:21~22)

왜? 구약성경과 신약성경은 이처럼 용서를 강조하는 것일까?
우리가 용서할 때 우리의 마음에 치유가 임하고, 기쁨과 평안이
있는 삶을 살 수 있기 때문이다. 누군가 우리에게 상처를 주고,
고통을 주면 우리의 마음은 미움으로 가득하게 된다. 이러한 상
한 마음은 일평생 마음속에 남아있어서 우리에게 고통을 주는
것이다. 이와 같이 상한 마음과 미움을 마음에 품고 살 수가 없
다. 이런 상한 마음은 우리의 마음과 육신까지 황폐하게 만들기

때문이다. 하나님은 죄지은 아담과 하와를 용서하시고, 인류를 용서하셨다. 그와 같이 우리도 용서하고 살라는 것이다. 날마다 하나님의 말씀을 묵상하고, 하나님을 예배하고, 찬양하며, 우리에게 죄지은 사람을 용서하여 마음속의 고통에서 벗어나라는 것이다. 용서를 통하여 우리는 참된 자유를 경험하게 된다.

제 5 장

어떻게 용서할 것인가?

우리는 앞장에서 용서의 성경적인 원리와 왜 우리가 용서를 해야 하는가에 대하여 살펴보았다. 그렇다면 우리는 어떻게 용서를 실천할 수 있을까? 필자는 한세대학교에서 발행하는 '영산신학저널'이라는 학술지에 용서에 대한 논문들을 기고한바 있다. 그곳에 발표한 내용이 이 장에는 도움이 될 것으로 생각되어 여기에 그 내용의 일부를 발췌하여 소개하려고 한다.[2]

용서란 무엇인가?

로버트 엔라이트는 "용서란 필연적으로 자비를 받을 만한 가치가 없는 가해자에게 베푸는 것이다. 용서는 우리 자신과 우리를 상처 준 자들과의 관계를 변화시키려는 목적으로 우리에게 상처를 준 사람을 위한 선물이다."라고 주장했다. 그는 용서의 가능성에 대하여 말하면서 "부당하게 상처를 받았을 경우 복수하고 싶어하는 권리를 부정하는 심정에서 복수심을 극복하는 것이 아니라 가해자에게 열정과 자비 그리고 사랑을 제공하려고 노력함으로써 분노를 극복하려 한다면 용서가 가능하다."라고 말했다.[3]

용서는 이런 것이다

용서는 이미 일어난 것을 수용하는 그 이상의 것이다. 용서는 분노 중지를 초월하는 것이다. 분노 중지는 용서의 결과 중 하나다. 용서는 가해자에 대한 태도를 구체적으로 변화시킨다. 용서는 상대방에게 중립적인 자세보다 적극적인 것이다. 용서는 복수심에서 자유로움을 느낄 뿐만 아니라, 용서과정의 궁극적인 목표는 용서하는 사람이 가해자에 대해 긍정적인 감정과 사고를 가지는 것이다. 용서는 자신의 기분을 좋게 하는 것 그 이상의 것이다. 용서를 하면 행복감을 갖게 되지만, 용서하는 사람은 그 차원을 넘어서서 자신에게 상처를 준 사람에게 용서의 선물을 주기로 결정하는 것이다. 이럴 때 집착에서 벗어나서 가해자에게 관심을 갖게 되고, 치유가 시작된다.[4]

용서는 이런 것이 아니다

손운산은 용서라는 말은 종종 적절하지 않게 사용된다고 말한다. 용서와 혼동되는 개념들과 잘못된 용서에 대하여 살펴보는 것이 필요하다고 주장한다.[5]

첫째, 용서는 사면(pardon)이 아니다. 사면은 주로 법정과 같은 공적인 영역에서 당연히 받아야 할 대가를 면죄 혹은 감면해 주는 것을 말하는데, 배상은 면제해 주고도 여전히 원한을 갖고 용서를 하지 않을 수도 있다. 용서는 가해자가 당연히 받아야 할 어떤 책임을 면제해 주는 것이 아니다.

둘째, 용서는 양해(excuse)가 아니다. 양해란 가해 행위는 도덕적으로 잘못이지만, 그 행위자의 어떤 요인 때문에 그 행위에 대해 책임을 지게 하거나 혹은 그를 비난하는 것은 옳지 않다고 보는 것이다. 어떤 사람이 죄를 지었으나, 그가 규범을 따라서 행동할 수 있는 능력이 결여되어 있다고 할 때 그의 행동은 양해될 수 있는 것이다. 이런 경우 그에게 원한을 가질 수 없기 때문에 용서가 필요한 것은 아니다.

셋째, 용서는 묵인(condonation)이 아니다. 묵인은 다른 사람의 죄를 눈감아 주는 것이다. 다른 사람이 분명히 죄가 있는 것을 알지만, 그 사람의 죄를 드러낼 때 자신에게 불이익이 있을 경우 그 죄를 눈감아 주는 것이다. 묵인은 도덕적 잘못을 수용하고, 용서는 그렇지 않다는 것이다.

넷째, 용서는 정당화(justification)가 아니다. 정당화는 어떤 잘못된 행동을 다른 요인을 고려하여 그 행동이 바르다고 보는 것이다. 어떤 행동이 정당화되면 그 행동을 한 사람에게 원한을 가질 수 없다. 선으로 도와주려고 하다가 오히려 손해를 끼친 경우 그의 죄가 정당화 될 수 있는 것과 같다.

다섯째, 용서는 망각(forgetting)이 아니다. 시간이 흐르면서 피해에 대한 기억이 점점 사라질 수 있다. 망각은 비의도적으로 이루어지는 것이다. 그러나 용서는 비의도적인 것이 아니라, 의도적인 것이라는 차원에서 망각과 다르다. 용서는 단순히 잊는 것이 아니다. 오히려 용서하기 위해서는 기억해야 하는 것이다. 잘못된 것을 기억할 때 다시 잘못된 일이 반복되지 않게 한다.

여섯째, 용서는 화해(reconciliation)와 다르다. 화해는 깨어진 관계를 회복해야 하기 때문에 언제나 쌍방적이다. 용서는 대부분 개인적이고 내적인 것인 반면에 화해는 관계적이고 외적인 행동이다. 배신한 친구를 용서할 수 있지만 꼭 화해하는 것은 아니다. 용서는 화해의 조건이 아니다.

용서의 과정

효과적인 용서를 위하여 많은 연구가 있어왔다. 그 연구의 결과로 용서의 과정이 제시되어왔다. 미국의 저명한 사회과학자로서 용서학의 대표적인 연구가들인 재니스 스프링, 데스몬드 투투, 에버렛 워딩턴 및 로버트 엔라이트의 용서의 과정을 살펴보자.

재니스 스프링의 용서에 있어서 4가지의 선택

재니스 스프링은 사람들이 용서할 때 4가지의 선택을 한다고 말한다. 첫째로는 거짓 용서이다. 거짓 용서는 감정을 처리하고 피해를 받아들이기 전에 성급하고 쉽게 용서하는 것이다.[6] 단순하게 갈등을 피하고자 하는 사람들은 이런 거짓 용서를 선택한다. 그들은 자신에게 상처를 준 사람과의 관계를 깨뜨리지 않기 위해서 아주 쉽게 용서를 베푼다. 이러한 용서는 자신의 다른 쪽 뺨을 다른 사람에게 내어 주는 것 같지만 상처를 받은 사람은 여전히 분노를 마음속에 담고 있다. 표면적으로는 용서를 하는 것 같지만, 사실상 아무런 용서가 이루어 지지 않고 있는 것이다. 거짓 용서의 장점은 가해자와 연결되어 있다는 것으로 인해서 기분을 좋게 만들어 주지만, 단점은 진실한 관계를 갖는 것을 막아버려 친밀한 관계를 만들지 못하게 하고, 가해자로 하여금 다른 사람에게 그렇게 피해를 주어도 좋다는 잘못된 메시지를 줄 수 있다.[7]

둘째는, 용서를 거부하기이다. 누군가 고의로 상처를 줄 때 용서를 거부할 수 있다. 용서하지 않는 것이 자신의 존재를 가장 확실하게 증명하는 일로 보이기 때문이다.[8] 이와 같이 용서를 거부하는 사람들은 과거의 성장과정에서 역기능적인 관계에서 성장한 사람들이 많다. 가족들이 너무 엄격한 가정에서 자랐거나, 용서를 하지 않는 문화에서 성장할 때 이런 태도를 가질 수 있다. 이와 같은 용서 거부하기의 장점은 자신이 가진 실패의 원인에 다른 사람을 비난할 수 있으며, 단점은 가해자와의 대화를 차단하게 되어 가해자에게 갈등을 더욱 조장하게 만들어 또 다른 공격을 야기시킬 수 있고, 분노에 눈이 멀어 개인이 성장할 기회를 잃으며, 단절과 고립의 삶이 육신을 병들게 한다는 것이다.[9]

셋째는, 용서의 수용이다. 수용은 상처입힌 가해자가 뉘우치지 않을 때 반응하는 힘차고 활력이 넘치는 방법이다. 누구에게 무엇을 요구할 필요도 없고, 거짓용서나 용서의 거부와는 달리 고통을 조절하고, 상처를 이해할 수 있는 방법이다.[10] 엔라이트는 용서는 선택이라고 했다. 때로 용서는 시간이 걸린다. 용서를 할 때 의지적(willfulness)으로 용서를 하려고 하지 말고, 마음에서 우러나오는 기꺼이(willingness) 용서를 하는 자세가 필요하다. 용서가 힘들면 언제든지 멈추었다 다시 시작해도 좋다. 상처가 낫기 위해서는 시간이 걸리듯이 마음의 치유를 받고 용서하는 것도 시간이 걸리기 때문이다.[11] 이러한 태도는 용서의 수용 단계에서 중요하다.

용서의 수용을 위해서 재니스 스프링은 10단계의 과정을 거칠 것을 권면한다. 첫째로, 자신의 감정을 솔직하게 인정하라는 것이다. 둘째로, 복수심을 버리라는 것이다. 셋째로, 상처에 연연하지 말라는 것이다. 넷째로 학대에 노출된 자신을 방어하라는 것이다. 다섯째로, 가해자의 입장에서 생각해 보라는 것이다. 여섯째로, 자신의 잘못은 없었는지 냉정하게 살펴보라는 것이다. 일곱째로, 사실을 왜곡하거나 억측으로 상상하지 말라는 것이다. 여덟째로, 죄는 미워해도 사람은 미워하지 말라는 것이다. 아홉째로, 상대와의 관계를 분명하게 설정하라는 것이다. 열째로, 자신의 실패를 인정하고 용서하라는 것이다.[12]

넷째는, 순수한 용서이다. 순수한 용서는 본질적으로 대인 관계의 문제이다. 순수한 용서는 두 사람 모두 마음으로부터의 참여를 필요로 한다. 순수한 용서를 얻기 위해서는 여섯 가지 절대 조건이 있다. 첫째, 용서에 대한 잘못된 가설을 조사하고, 그것이 용서를 얻기 위한 당신의 노력을 어떻게 방해하는지 살펴보아야 한다. 둘째, 당신이 안겨 준 고통은 당신도 함께 나누어야 한다. 셋째로, 미안하다는 말속에 책임감과 뉘우침을 함께 담아야 한다. 진정한 용서를 위하여 피해에 책임을 지고, 개인적으로 사과하고, 잘못에 대하여 구체적이고 명확하게 사과할 필요가 있다. 넷째로, 자신의 그릇된 행동을 진실하게 밝혀야 한다. 다섯째, 다시 신뢰를 얻기 위하여 변화와 속죄의 행동을 보여야 한다. 여섯째, 타인에게 상처를 준 자신을 누구보다 먼저 용서하라는 것이다.[13]

데스몬드 투투의 용서의 과정

남아프리카는 백인 대통령에서 흑인 대통령으로 바뀌면서 인종 갈등에 따른 큰 보복의 정치가 있을 수 있었다. 흑인으로서 남아프리카의 최초의 대통령이 된 만델라는 과거와의 화해를 이야기하면서 용서를 선포했다. 그 당시에 데스몬드 투투는 진실 화해 위원회(TRC)의 위원장으로서 용서와 화해를 선포했다.

데스몬드 투투는 용서에 있어서 4가지의 과정을 강조한다. 첫째로, 이야기하라는 것이다. 가해자를 용서하기 위해서 우리가 받은 상처를 인정하고, 신뢰할 수 있는 친구나 사람에게 우리의 가슴 아픈 이야기를 나누어야 한다. 만약에 가능하다면, 우리에게 상처를 준 가해자에게 우리가 받은 상처에 대하여 이야기하는 것도 좋다.[14]

둘째로, 내게 상한 마음이 있음을 인정하기이다. 우리는 가슴 아픈 경험이 생기면 그것을 부인하거나, 그것이 존재하지 않는 것처럼 생각하려고 한다. 우리가 고통스러운 감정을 받아들이려고 하지 않으면 그것은 더욱 더 자라게 된다. 우리가 상한 마음을 인정하지 않으려고 하면 그것은 다양한 중독으로 나타나게 된다.[15]

셋째로, 용서를 베풀기. 우리가 가해자를 용서하는 이유는 우리가 약해서가 아니라 그렇게 할 때 거기에 자유가 있기 때문이다. 어떤 때 우리는 당한 일에 대하여 복수를 하고 싶어하는 마음이 생길 수 있다. 그러나 우리는 깨어지기 쉬운 연약한 존재임을 이해해야 한다. 우리는 선함과 악함을 모두 소유하고 있는 인간이며, 우리의 의도와는 달리 다른 사람들에게 상처를 줄 수 있는 존재라는 사실을 기억해야 한다.[16]

넷째로, 관계를 새롭게 하기. 용서를 베푸는 것은 용서의 과정의 끝이 아니다. 우리는 가해자와 관계를 새롭게 해야 한다.

에버렛 워딩턴의 용서의 과정(REACH)

에버렛 워딩턴은 분노, 두려움, 비용서의 부정적인 정서를 공감, 동정, 사랑, 긍휼, 낭만적 사랑의 긍정적인 정서로 대체하는 용서도달 피라미드 모델을 발전시켰다. 이 모델은 다섯 단계의 앞 글자를 따서 REACH라고도 한다.[17]

첫째는 상처의 회상단계이다(Recall the hurt). 상처를 받으면 대부분의 사람들은 상처를 부인하고, 상처를 회상하기를 원치 않는다. 그러나 치유를 위해서는 상처를 객관적으로 회상하는 것이 도움이 된다. 가해자를 욕하거나, 가해자에게 사고를 기대하며 시간을 낭비하거나, 피해의식에 사로잡히는 것은 도움이 되지 않는다. 냉정하게 상처 받은 사실을 그대로 인정하는 것이 중요하다.

둘째는 공감의 단계이다(Empathize). 공감이란 상처를 받은 사람이 상처를 준 사람의 입장이 되어보는 것이다. 상대방이 내게 상처를 줄 수밖에 없었던 상대방의 처지를 공감해 보는 것이다. 그 사람이 내게 상처를 주었던 이유는 그 사람도 누군가에게 상처를 받아서, 마음속에 분노를 안고 살다가 내게 그의 분노를 풀어 상처를 주었다는 것을 알게 될 때 그 사람을 공감할 수 있게 되는 것이다.

셋째는 용서의 이타적 선물의 단계이다(Altruistic gift of forgiveness). 우리가 누군가에게 상처를 입혔는데, 그 사람이 나를 너그럽게 용서를 했던 기억이 있는가? 용서받기 전에 느꼈던 죄책감을 생각해보고, 용서받았을 때의 기분을 떠올려보자. 우리가 누군가에게 너그럽게 용서를 받았던 것처럼, 우리도 우리에게 상처를 준 사람을 너그럽게 용서하여 그에게 선물을 주는 것이다.

넷째는 용서의 선언 단계이다(Commit publicly to forgive). 용서를 공적으로 선언할 때 다시 비용서의 감정으로 돌아가는 것이 적어진다. 상처를 준 사람을 용서했다면 주변의 사람들에게 내가 누구를 용서했다는 사실을 선언하는 것이 필요하다.

다섯째는 용서의 지속 단계(Hold on to forgiveness). 용서는 한번 했다고 완전히 마음속에서 사라지는 것이 아니다. 용서를 했음에도 불구하고 다시 비용서의 마음이 다가올 수 있다. 그럴 때마다 나는 이미 상대방을 용서했음을 고백하고, 계속해서 용서를 지속해야 한다.

로버트 엔라이트의 용서의 과정

로버트 엔라이트는 용서를 과정으로 본다.[18] 한번 용서했다고 해서 모든 것이 끝나는 것이 아니라, 용서는 또 다시 반복하여 나가야 할 과정이다. 그는 효과적인 용서를 위하여 4개의 단계를 거칠 것을 주장한다.[19]

첫째 단계는 '분노 발견하기'이다. 분노하고 있다는 것을 아는 것은 고통스러운 일이지만, 용서는 고통으로부터 숨거나 아무 일이 없었던 것처럼 가장하는 것이 아니다. 고통에 대하여 정직하게 그대로 인정하는 것이 필요하다. 스스로에게 질문할 필요가 있다. 분노 다루기를 피한적이 있는지? 분노에 직면해본 적이 있는지? 수치심이나 죄책감을 드러내는 것이 두려운지? 분노가 건강에 영향을 미치는 것을 알고 있는지? 상처나 가해자에게 집착하지는 않는지? 당시의 상황을 가해자의 상황과 비교하고 있는지? 상처가 삶에 영구적인 변화를 일으켰는지? 상처가 인생관을 바꾸는지? 자문하여 자신의 분노를 발견해야 한다.

둘째 단계는 '용서하기로 결심하기'이다. 용서하기로 결심하기 위해서는 지금까지 해온 방식이 효과적이지 않았다는 것을 인정하고, 기꺼이 용서과정을 시작하기로 마음먹으며, 용서하기로 결심해야 한다.

셋째 단계는 '용서하기 위한 작업하기'이다. 가해자를 이해하려고 노력하고, 열정을 갖도록 노력하며, 고통을 수용하고, 가해자에게 용서를 할 수 있는 구체적인 행동을 취하는 단계이다. 종이에 가해자에게 받은 상처를 기록해보고, 그 상처를 준 가해자를 이해하고, 공감하며, 그를 용서하겠다고 종이에 기록해 본다.

넷째 단계는 '감정적 감옥에서 해방되기'이다. 고통의 의미와 용서의 필요성과 혼자가 아니라는 것을 발견하고, 삶의 목적을 깨닫고, 용서하면서 얻게 되는 자유로움을 발견해야 한다.

우리는 지금까지 용서의 과정에 대하여 살펴보았다. 어떤 용서의 과정을 적용하든지 중요한 것은 우리가 용서의 중요성을 알고, 우리에게 가해를 준 사람도 피해자라는 사실을 인식하여 용서를 실천하는 것이다. 한번 용서했다고 해서 용서가 모두 완성되는 것은 아니다. 또 다시 마음속에 상한 마음이 올라올 때 지속적으로 용서를 베푸는 것이 필요하다.

상한 마음의
치유와 용서의 적용

　일전에 TV의 한 방송을 보니 가족들간에 갈등이 있어서 가족 가운데 서로 대화도 되지 않고, 깊은 갈등을 경험하고 있는 가족들의 회복을 위하여 여행을 하며 서로 대화하여 회복을 가져오게 하는 프로그램이 방영되고 있었다. 그날 프로그램에 등장하는 사람은 여성 중견 탤런트 K씨였다. 그녀는 아들과 깊은 갈등이 있었는데, 그 프로그램에서 보여주는 어머니와 아들이 가지고 있는 갈등의 예를 설명하면서 우리가 앞에서 나눈 상한 마음의 치유와 용서를 적용해 보려고 한다.

　탤런트인 어머니 K씨는 남편과의 이혼 후에 재혼을 생각하게 되었다. 아들은 미국에 유학을 가면서 어머니에게 자신이 미국에 가있는 동안에는 재혼을 하지 않는 것으로 해달라고 간청했다. 어머니 K씨는 아들이 미국에 가있는 동안에는 재혼을 하지 않겠다고 약속을 했으나, 약속과는 달리 아들이 미국에서 유학을 하는 동안에 재혼을 했다. 그 이후 아들은 미국에서 다니던 대학을 중단하고, 한국에 나와서 엄마가 원치 않는 직업을 가지고 일하고 있다. 엄마는 아들이 미국에서 대학을 졸업하기를 원하는데, 아들은 대학에는 관심이 없고, 자기가 하고 싶은 다른 일을 하고 싶다고 한다. 엄마가 말리는데, 아들은 자신의 뜻을 굽히지 않는다. 엄마와 아들은 계속해서 갈등의 평행선을 달리고 있는 것이다.

왜 이런 현상이 일어나는 것일까? 이것은 아들의 마음에 감추어진 상한 마음 때문이다. 단순하게 아들이 어머니에게 반항을 하는 것이 아니다. 아들이 힘들어 하는 첫 번째의 상한 마음은 부모의 이혼이다. 부모가 이혼할 때 자녀의 마음에는 거절감, 두려움, 분노와 같은 마음이 자리잡는다. 부모가 이혼할 때 아이들은 버림받는 거절감을 경험한다. 앞으로 어떻게 살아야 할지 두렵다. 행복한 가정을 빼앗긴 것에 대한 수치심으로 인한 아픔도 마음속에 있다. 주변 친구들의 부모님의 행복한 모습을 볼 때마다 마음속에 열등감을 느낀다. 두 번째의 상한 마음은 어머니가 자신에게 알리지도 않고, 재혼을 한 것에 대한 거절감이다. 여기서 아들은 또다시 버림받은 마음을 갖게 되었다. 어머니에게 버림받고, 어머니를 빼앗긴 것 같은 고통을 가지게 된다. 그래서 어머니의 말을 듣지 않고, 자신의 뜻을 고집하는 것으로 어머니에게 상처받고, 분노하는 자신의 모습을 행동으로 표현하고 있는 것이다.

어린 시절의 부모의 죽음, 이혼, 재혼 등은 자녀들의 마음속에 자신이 버림받았다는 생각을 갖게 만든다. 더욱이 유학가서 혼자 있을 때 어머니가 재혼을 했다는 소식을 듣는 것은 그에게 큰 마음의 충격을 주었을 것이다. 분노 가운데 어머니가 원치 않는 일이지만 고집을 부리며 계속해서 그 길로 가고 있는 것이다. 합리적으로 생각해 본다면, 미국에서 다니던 대학을 먼저 졸업하고, 자신이 꼭 하고 싶은 일은 그 이후에 해도 될 것이다. 그러나 아들은 자신의 뜻을 굽히고 싶어 하지 않는다. 아들은 자신과의 약속을 어기고, 자신에게 상처를 준 어머니를 용서하지 못하고 있는 것이다. 탤런트 K씨의 눈에는 상처받은 아들의 상한 마음이 보이지 않기 때문에 고집부리는 아들이 이해가 되지 않는 것이다. 자신 잘되라고 대학을 먼저 졸업하고 나서 다른 일을 하라고 하는데 그 말을 들어주지 않는 아들이 섭섭하고, 야속해서 눈물을 흘린다.

이런 문제를 어떻게 해결하면 좋을까? 어머니가 아들에게 다가가서 말을 안 듣는 표면적인 문제를 주목하지 말고, 그가 왜 그러는지 그의 내면을 먼저 살펴보는 것이 필요하다. '아들이 왜 내말을 안 듣지? 나는 자기 잘되라고 대학을 졸업하고 하고 싶은 일을 하라는 것인데?'라는 생각보다는 '내 아들이 내가 이혼을 하고, 재혼을 해서 버림받은 마음이 들어 많이 힘들었구나. 자신이 미국에서 유학하는 동안에는 재혼을 하지 않겠다고 약속까지 했는데, 내가 약속을 깨고 재혼을 해서 아들의 마음이 더욱 불안해 지고, 거절감과 버림받은 마음이 더욱 기승을 부리는 구나. 그것때문에 마음에 상처가 생기고, 분노가 쌓여서 엄마가 원치 않는 일을 하겠다고 고집을 부리는 구나.'라는 생각을 해야 한다.

문제는 어머니는 아들의 상한 마음을 헤아리지 못하기 때문에 무조건 아들이 섭섭하고, 말을 듣지 않는 것에 대하여 속상해 하는 것이다. 어머니는 아들이 경험했을 불안감, 거절감과 버림받은 마음, 두려움을 생각해 보아야 한다. 어머니인 탤런트 K씨는 아들뿐만 아니라, 자신도 어린 시절부터 가지고 있었던 상한 마음과 이혼을 통하여 생긴 자신의 마음의 상처를 돌아보고, 먼저 치유할 필요가 있다. 그리고 아들의 마음의 상처를 들여다 보며, 아들의 행동속에 그가 아파하고 있는 그의 마음의 고통을 헤아리며 아들이 미국에 있을 때 요구한 것처럼 어머니가 약속을 지키지 않고 재혼을 했을 때 아들이 얼마나 충격을 받았을 것인가에 대하여 이해하고, 아들에게 용서를 빌고 그의 아픔을 싸매어 주려는 자세가 필요하다. 아들에게도 어머니가 살아오면서 받았던 상한 마음에 대하여 이야기를 나눌 필요가 있다. 어머니가 왜 아들이 재혼을 반대했음에도 불구하고 재혼을 해야 했는지, 어머니의 마음속에 있는 두려움과 불안을 아들과 나누어야 한다. 서로간의 고백을 통해서 서로를 이해하게 되고, 서로를 공감하게 되어 어머니와 아들이 서로의 상한 마음을 치유하고, 서로를 용서할 수 있게 되는 것이다. 이와 같이 상한 마음이 치유되고, 서로를 용서할 때 이 가정은 건강하고 행복한 가정으로 회복될 수 있다.

상한 마음을 치유하고
용서한 요셉의 이야기

> [19] 요셉이 그들에게 이르되 두려워하지 마소서 내가 하나
> 님을 대신하리이까 [20] 당신들은 나를 해하려 하였으나 하
> 나님은 그것을 선으로 바꾸사 오늘과 같이 많은 백성의 생명
> 을 구원하게 하시려 하셨나니(창 50:19~20)

이 책의 마지막을 향해 가면서 좀 더 깊이 생각해 보아야 할 성경의 인물이 있다. 그는 창세기에 나오는 요셉이다. 이미 구약의 용서의 부분에서 요셉에 대한 이야기를 간략하게 나누었지만, 여기서는 요셉이 어떻게 상한 마음의 치유와 용서를 경험했는지 좀 더 자세하게 살펴보려고 한다.

필자는 창세기의 요셉의 이야기를 읽을 때마다 요셉의 용서에 대하여 깊은 감동을 받는다. '어떻게 형들에게 버림받아서 노예가 되고, 나중에는 애굽의 감옥까지 갔던 요셉이 그의 형제를 용서하고, 그들의 자녀들을 키우겠다고 고백할 수 있었을까?' 그는 어떻게 그의 상한 마음을 치유하고, 형제들을 용서할 수 있었을까? 그가 경험한 치유와 용서의 이야기를 하려고 한다.

요셉의 인생은 배신당함과 상처받음의 연속이었다. 그러나 그

는 상한 마음을 치유받고, 자신에게 상처를 준 사람들을 용서하며, 믿음으로 서서 이스라엘을 한 국가로 세우는 데 있어서 큰 공헌을 한 사람이다. 요셉은 야곱의 12명의 아들중에 11번째 아들이다. 요셉이 문제와 갈등속에서 살아간 가장 큰 이유는 그 가정안에서 시작된다. 아버지 야곱에게는 레아와 라헬, 두 아내가 있었는데, 야곱은 라헬을 더 사랑했다. 요셉은 라헬이 낳은 아들이었다. 요셉을 향한 아버지 야곱의 사랑은 별난 사랑이었다. 12명의 아이들 중에서 요셉을 빼고는 모두 일반적인 옷을 입혔는데, 요셉만 색깔이 있는 채색옷을 입혔다. 본서의 앞에서 이야기한 것처럼 아버지의 이런 편애는 다른 자녀들에게 상한 마음을 심어주었다. 형제들은 요셉에 대하여 분노했다. 아버지 야곱이 요셉만 편애하는 잘못된 사랑은 요셉의 형제들에게 씻을 수 없는 깊은 상처를 주었다. 게다가 어느 날 요셉이 꿈을 꾸었다고 하는데, 그 꿈은 형들과 아버지와 어머니가 모두 요셉에게 절을 하고, 요셉을 섬기는 날이 올 것이라는 꿈이었다. 형들은 그런 말도 되지 않는 이야기를 하는 요셉을 바라보며 그에게 분노하고, 그를 미워하였다.

하루는 야곱의 아들들이 들판에서 양을 치고 있었는데, 아버지 야곱은 아들들이 잘 있는지 요셉에게 다녀오라고 했다. 당시 야곱의 가족은 유목 생활을 하고 있었기 때문에 야곱의 아들들은 양을 인도하여, 풀과 물을 찾아서 이곳저곳을 떠돌아 다녀야 했기 때문에 야곱은 아들들의 근황이 궁금했던 것이다.

야곱은 요셉의 형제들이 요셉에게 그런 분노의 감정을 가지고 미워하고 있는지 전혀 알지 못했다. 요셉이 형들에게 다가왔을 때, 아버지도 안 계시고, 요셉만 있으니 요셉을 죽이자는 형제도 있었다. 그러나 형제들은 죽이기보다는 노예 상인에게 팔자는 의견이 나왔고, 이 의견이 받아들여져서 결국 요셉은 노예가 되어 애굽에 팔려 가게 되었다. 거기서 요셉은 보디발의 집에서 노예의 생활을 하게 되었고, 그 집에서도 보디발의 아내에게서 억울한 누명을 쓰고 결국에는 감옥에 갇히게 되었다. 요셉이 받은 상처는 이루 말할 수 없었을 것이다. 형제들에게 버림받아 노예가 된 마음의 상처, 노예로 팔려간 보디발의 집에서 자신은 아무런 잘못도 하지 않았는데 감옥에 갇히게 된 마음의 상처 등은 요셉을 일평생 분노의 사람으로, 복수를 계획하고 살 수밖에 없는 사람이 되게 하였을 것이다.

그런데 우리는 창세기 50장에서 놀라운 결과를 발견한다. 그렇게 엄청난 마음의 상처를 받고 살았던 요셉이 형들이 살고 있는 가나안에 흉년이 들어 먹을 것이 없을 때 아버지와 형제들을 이민 초청하여 애굽에 살게 하고, 아버지가 돌아가시고 나서도 형제들에게 복수를 하는 것이 아니라 오히려 형들의 자녀와 형들을 돌보겠다고 말했다. 어떻게 이렇게 될 수 있었을까? 이것이 바로 요셉의 마음을 치유하시고, 용서할 수 있는 결단을 주신 하나님의 은혜이다. 요셉의 이야기를 통하여 우리가 얻을 수 있는 교훈은 무엇일까?

세상 모든 사람들은 사랑 받기 원한다

아버지 야곱은 다른 형제들보다 요셉을 특히 사랑해서 그에게만 채색옷을 입히고, 그를 더 각별히 사랑했다. 이런 편애로 인하여 형제들의 마음속에는 분노의 마음이 자리잡기 시작했다. 거기다가 요셉이 꿈을 꾸었는데 부모와 형제의 곡식단들이 자신을 위해서 절하고, 하늘의 해와 달과 별들이 자신에게 절을 하는 꿈을 꾸고 나서, 그 꿈을 형제들에게 자랑을 한 것이 화근이 되었다. 그 꿈은 하나님이 요셉에게 보이신 계시적인 꿈이었으나, 어린 요셉은 자신이 그 꿈을 어떻게 간직해야 하는지 알지 못하여 형들에게 이야기함으로 형들의 분노를 샀다.

세상의 모든 사람들은 모두 사랑받고, 인정받고 살기를 원한다. 어려서부터 자녀는 부모에게서 사랑받기를 원한다. 그러나 요셉의 형들처럼 아버지에게 마땅히 받아야 할 사랑을 받지 못했을 경우 그 마음속에는 분노의 감정이 생기게 된다. 분노가 해결되지 않고 지속되면, 그 분노는 원한(resentment)이 되며, 복수하려는 생각이 생긴다.

분노도 기쁨과 슬픔과 같은 마음의 감정이다. 분노의 감정을 느끼는 것 자체는 나쁜 일이 아니며, 누구든지 분노의 감정을 느낄 수 있다. 그러나 문제는 그 분노의 감정을 어떻게 해결하는가에 달려있다. 요셉의 형제들은 아버지의 편애와 요셉의 꿈의 이야기를 듣고, 자신들의 마음 가운데 있는 분노를 해결하려고 하지 않고 상한 마음을 마음속에 누르고 눌러두었다. 문제는 이렇게 분노를 감추고, 누르고 있으면 언젠가 그 분노가 폭발을 하는 때가 온다는 것이다. 마치 볼펜 스프링을 두 손가락으로 계속 누르면 어느 순간엔가 스프링이 튀어나가는 원리와 같다.

해결되지 않은 분노는 마음속에 원한의 마음이 형성되어 부정적인 생각의 사람이 된다. 자신도 모르게 모든 생각이 부정적이고 불만에 가득차 있다. 이런 사람은 부정적인 말을 하게 된다. 자신도 모르게 늘 특정한 사람을 비난하는 사람이 된다. 이런 사람은 결국 부정적인 행동을 하게 된다.

자존감이 망가진 요셉의 형제들

마음의 상처를 받고, 분노를 가지고 살아갈 때 사람들은 자신에게 상처를 준 사람에 대한 존중감이 사라지고 그 사람이 가치 없는 사람이라고 생각하고 무시하게 되며 시간이 지나면서 내가 다른 사람에게 사랑을 받지 못했던 것은 나도 가치가 없는 사람이었기 때문이라는 생각이 들게 된다. 왜 요셉의 형제들은 요셉을 노예로 팔았나? 그것은 아버지에게 사랑을 받지 못하여 자신들의 가치를 인정하지 못하고, 자신들의 자화상이 건강하지 않고, 일그러져 있었기 때문이다. 형제들이 자신에 대한 자화상이 긍정적이며, 건강했다면 아버지가 요셉을 편애하는 것도, 요셉이 자신의 꿈을 자랑하는 것도 웃고 넘길 수 있었을 것이다. 그러나 형제들의 마음속에는 아버지에게 인정받지 못한 마음의 상처가 열등감으로 남아있었다. 그래서 요셉이 채색옷을 입고, 꿈을 자랑하는 것을 견딜 수가 없었고 그를 미워했다. 그들의 마음속의 열등감으로 인하여, 자신들은 아버지에게 인정받지 못하는 보잘것없는 존재라는 비참한 마음을 갖게 되었다.

아버지가 다른 아들들은 사랑하지 않았을까? 무시했을까? 그렇지 않다. 그들도 모두 야곱의 아들들이니 사랑하지 않을 리가 없다. 그러나 문제는 유독 요셉을 더 사랑한 것이다. 그러니 다른 형제들은 아버지에게 사랑받지 못하고 있다고 생각한 것이다. 형제들은 아버지가 자신들에게 무관심하다고 생각했다. 무관심이 이렇게 무서운 결과를 가져온다. 가정에서 부모와 자녀가 대화를 해야 하는 이유가 여기에 있다. 과거에 한국의 아버지상은 나가서 돈을 벌어오면 되는 사람이다. 어머니는 자녀들의 양육을 책임지는 사람이었다. 그래서 아버지는 집에 들어와도 말이 없다. 자녀들과 말을 해본 적이 없어서 나중에는 자녀들과 무엇을 말해야 할지를 모른다. 은퇴하게 되면 자녀들과 추억도 없고, 대화거리도 없어서 서먹하여 아버지와 자녀들 사이에 어려움을 갖게 된다.

문제는 자녀들이 아버지와의 대화가 없고, 아버지가 자신들에게 엄하기만 하고, 관심이 없다고 생각하게 되는 것이다. 필자도 내적 치유 세미나를 개최하며 상담의 시간을 갖다 보면, 자신은 아버지와 대화를 하지 못했고, 아버지의 사랑을 받지 못하고, 아버지의 인정을 받지 못하고 성장했다고 고백하는 사람들이 꽤 있는 것을 볼 수 있다.

우리는 우리의 상한 마음을 돌아보고, 그 상한 마음의 원인을 발견하여 그 마음의 대상을 용서하고, 마음의 치유를 받아야 한다. 중요한 것은 우리의 마음속에 상한 마음으로 그냥 두면, 언젠가 그 상한 마음은 뿌리를 내리고 열매를 맺어 내가 예상치 못하는 큰 결과를 가져온다는 것이다.

아들을 잃은 야곱의 고통

요셉의 형제들은 요셉이 자신들을 보러 들에 나왔을 때 그때야말로 요셉을 죽일 수 있는 절호의 기회라고 생각했다. 그러나 형제들 가운데 동생을 죽이는 것보다 차라리 노예로 팔면 다시 못 볼 것이니 노예로 팔자고 하는 의견이 있어 결국은 요셉을 노예로 팔게 된 것이다.

요셉의 형제들은 자신들의 마음속에 있는 분노와 열등감을 이기지 못하고, 요셉을 노예로 팔아버린 후 그들은 아버지에게 가서 거짓말을 했다. 이 내용은 필자가 앞에서 창세기에 나오는 죄책감에 대한 이야기에서 이미 언급한 바가 있지만, 좀 더 자세하게 생각해 보자.

[31] 그들이 요셉의 옷을 가져다가 숫염소를 죽여 그 옷을 피에 적시고 [32] 그의 채색옷을 보내어 그의 아버지에게로 가지고 가서 이르기를 우리가 이것을 발견하였으니 아버지 아들의 옷인가 보소서 하매 [33] 아버지가 그것을 알아보고 이르되 내 아들의 옷이라 악한 짐승이 그를 잡아 먹었도다 요셉이 분명히 찢겼도다 하고 [34] 자기 옷을 찢고 굵은 베로 허리를 묶고 오래도록 그의 아들을 위하여 애통하니 [35] 그의 모든 자녀가 위로하되 그가 그 위로를 받지 아니하여 이르되 내가 슬퍼하며 스올로 내려가 아들에게로 가리라 하고 그의 아버지가 그를 위하여 울었더라 (창 37:31~35)

요셉의 형제들이 모두 집에 도착하였다. 아버지는 왜 요셉은 보이지 않느냐고, 요셉을 못 보았냐며 너희들이 잘 있는지 보러 갔다고 이야기했을 것이다. 그러자 형제중의 한 사람이 능청스럽게 거짓말을 한다. "우리가 들에서 오는데 이 피 묻은 옷을 보았어요. 이것이 혹시 요셉의 옷이 아닌가 싶습니다." 이미 형제들은 요셉의 채색옷을 가져다가 숫염소를 죽여 그 옷에 피를 적시고 그의 옷을 아버지에게 가져다 보인 것이다. 아버지 야곱의 마음은 찢어졌다. 사랑하는 아들 요셉이 형들을 보러 갔다가 들에게 짐승에게 잡혀먹었다고 생각한 것이다. 야곱이 얼마나 슬퍼했던지 모든 자녀들이 위로하려고 해도 위로를 받지 않으며,

자신도 아들에게 가리라고 통곡을 하였다.

아버지의 애곡하는 모습을 지켜보는 요셉의 형제들의 마음은 어땠을까? 그들이 아버지의 애통함을 보면서 즐거웠을까? 눈엣 가시같은 형제를 잘 죽였다. 이제는 우리는 아버지의 사랑을 받을거야. 그런 생각을 했을까? 그렇지 않다. 그 이후 형제들의 마음속에는 일평생 돌이킬 수 없는 죄책감이 생겼다. 창세기 42장에 보면, 요셉은 하나님의 은혜로 왕의 꿈을 해몽해 주었다. 요셉의 지혜를 높이 산 애굽의 왕은 요셉을 애굽의 총리로 삼았다. 그때 가나안 땅은 기근으로 인해 먹을 양식이 없었다. 그러나 애굽에서는 요셉의 지혜로운 정치로 7년간 풍년이 있을 때 모은 양식으로, 7년간의 흉년이 다가와도 어려움이 없었다. 야곱은 애굽에는 양식이 있다는 소리를 듣고, 아들들에게 애굽에 내려가서 양식을 사오라고 했다. 막내 아들 베냐민을 제외한 모든 형제들이 애굽의 바로의 궁에 가서 양식을 파는 총리에게 엎드려 절하고 자신들에게도 양식을 팔아달라고 간청했다. 이 순간이 하나님이 요셉에게 주셨던 꿈이 이루어지는 장면이다. 그 순간 요셉은 하나님이 보여주신 꿈이 단순히 자신이 형들에게서 절을 받는 사람이 아니라, 자신을 미리 애굽에 보내 흉년의 시기에 가족들을 살리시려는 하나님의 은혜인 것을 깨닫게 되었다.

요셉은 여기서 과연 형들이 그동안 어떤 사람이 되었는지, 그들이 여전히 형제를 버리는것을 개의치 않는 비정한 사람들인지 알고 싶었다. 그래서 자신이 요셉이라는 것을 밝히지 않고, 올라오는 감정을 억누르며, 형제들을 타국에서 애굽을 엿보러온 정탐꾼이 아니냐고 몰아세웠다. 형제들은 억울했다. 자신들은 절대 정탐꾼이 아니며, 자신들은 열두 형제인데 열 명만 왔고 한 형제는 집에 있고, 한 형제는 없어졌다고 말했다. 총리 요셉은 말했다. 너희가 정말 정탐꾼이 아니면 한 사람은 옥에 갇혀 있고, 나머지는 집에 가서 너희 집에 남아있는 그 형제를 데리고 오라. 그러면 내가 너희가 한 말을 믿으리라고 말했다. 그러자 형제들은 이렇게 고백했다.

> [21] 그들이 서로 말하되 우리가 아우의 일로 말미암아 범죄하였도다 그가 우리에게 애걸할 때에 그 마음의 괴로움을 보고도 듣지 아니하였으므로 이 괴로움이 우리에게 임하도다 [22] 르우벤이 그들에게 대답하여 이르되 내가 너희에게 그 아이에 대하여 죄를 짓지 말라고 하지 아니하였더냐 그래도 너희가 듣지 아니하였느니라 그러므로 그의 핏값을 치르게 되었도다 하니 [23] 그들 사이에 통역을 세웠으므로 그들은 요셉이 듣는 줄을 알지 못하였더라 (창 42: 21~23)

사람들은 어떤 문제와 고난이 다가오면 내가 무슨 죄가 있어서 이런 문제가 다가온 것이 아닐까 하는 생각을 하게 된다. 요셉의 형제들도 요셉을 노예로 팔고 난 이후에 자신들이 범한 죄로 인한 죄책감에 시달리고 살았다는 것을 볼 수 있다. 이번만

이 아니었을 것이다. 자신들의 삶에 문제와 갈등이 다가올 때마다 그들은 형제 요셉에게 한 죄를 떠올리며 그들이 그렇게 죄를 지었기 때문에 이런 어려움이 다가오고, 자신들이 괴로운 삶을 살게 되었다고 고백했을 것이다. 죄책감은 우리에게 큰 고통을 준다.

두려움 속에 살았던 야곱

요셉이 실종되고 난 이후에 야곱은 사는 게 사는 것이 아니었다. 그토록 자신이 사랑하는 아내 라헬이 나은 아들 요셉이 죽었다고 생각할 때 야곱의 마음은 두려움으로 가득하게 되었다. 라헬이 나은 아들은 둘이었다. 하나는 요셉이고, 하나는 베냐민이다. 요셉이 없어지고 난 이후에 야곱은 베냐민마저 잘못될까 봐 두려움 가운데 살았다. 상한 마음을 가지고 살아가는 사람들의 가장 큰 문제는 이와 같이 마음속에 두려움의 감옥에서 살아가는 것이다. 언제 어떤 일이 생길지 모르는 두려움속에서 살게 된다. 야곱은 늘 두려움에 사로잡혀 살고 있었다. 그는 자신이 사랑하는 사람은 다 자신을 떠나는 것에 대한 두려움이 있었다. 그는 아버지에게서 형을 대신하여 장자의 복을 받으려고 쟁취하는 삶을 살았다. 그러나 그에게 순간순간 다가오는 상한 마음은 내가 사랑하는 사람은 모두 떠난다는 두려움이었다. 그는 사랑하는 아내 라헬을 먼저 떠나보내야 했고, 사랑하는 아들 요셉을 떠나보내야 했다. 막내 아들 베냐민까지 떠나보내야 한다면, 그것은 견딜 수 없는 아픔이 될 것이었다. 그래서 베냐민은 보내지 못하겠다고 한 것이다.

아들들 모두가 애굽으로 식량을 사러 내려가려고 할 때 야곱이 한 말을 보면 야곱이 얼마나 두려움에 사로잡혀서 살고 있는지 알 수 있다.

[1] 그 때에 야곱이 애굽에 곡식이 있음을 보고 아들들에게 이르되 너희는 어찌하여 서로 바라보고만 있느냐 [2] 야곱이 또 이르되 내가 들은즉 저 애굽에 곡식이 있다 하니 너희는 그리로 가서 거기서 우리를 위하여 사오라 그러면 우리가 살고 죽지 아니하리라 하매 [3] 요셉의 형 열 사람이 애굽에서 곡식을 사려고 내려갔으나 [4] 야곱이 요셉의 아우 베냐민은 그의 형들과 함께 보내지 아니하였으니 이는 그의 생각에 재난이 그에게 미칠까 두려워함이었더라 [5] 이스라엘의 아들들이 양식 사러간 자 중에 있으니 가나안 땅에 기근이 있음이라(창 42:1~5)

4절에 보면, 야곱이 요셉의 아우 베냐민은 그의 형들과 함께 보내지 아니하였으니, 이는 그의 생각에 재난이 그에게 미칠까 두려워하였다고 말한다. 아버지 야곱은 상한 마음 가운데 살았다. 다른 아들들은 죄책감속에서 살았다. 그러니 이 가정이 행복한 가정이 되었겠는가? 그들은 사는 게 사는 것이 아니었다. 상한 마음이 치유되어야 할 이유가 여기에 있다. 우리의 상한 마음이 치유될 때 비로서 우리에게 내면의 평강과 기쁨이 있는 인생이 시작되기 때문이다.

상한 마음을 치유 받고 용서한 요셉

아버지 야곱이 돌아가시고 난 후에 요셉이 형제들에게 하는 고백을 보면 요셉의 마음속에 있었던 상한 마음들이 모두 치유되고, 형제들을 용서한 이유를 알 수 있다. 창세기 50장 15절 이하의 말씀을 읽어보자.

> [15] 요셉의 형제들이 그들의 아버지가 죽었음을 보고 말하되 요셉이 혹시 우리를 미워하여 우리가 그에게 행한 모든 악을 다 갚지나 아니할까 하고 [16] 요셉에게 말을 전하여 이르되 당신의 아버지가 돌아가시기 전에 명령하여 이르시기를 [17] 너희는 이같이 요셉에게 이르라 네 형들이 네게 악을 행하였을지라도 이제 바라건대 그들의 허물과 죄를 용서하라 하셨나니 당신 아버지의 하나님의 종들인 우리 죄를 이제 용서하소서 하매 요셉이 그들이 그에게 하는 말을 들을 때

에 울었더라 [18] 그의 형들이 또 친히 와서 요셉의 앞에 엎드려 이르되 우리는 당신의 종들이니이다 [19] 요셉이 그들에게 이르되 두려워하지 마소서 내가 하나님을 대신하리이까 [20] 당신들은 나를 해하려 하였으나 하나님은 그것을 선으로 바꾸사 오늘과 같이 많은 백성의 생명을 구원하게 하시려 하셨나니 [21] 당신들은 두려워하지 마소서 내가 당신들과 당신들의 자녀를 기르리이다 하고 그들을 간곡한 말로 위로하였더라 (창 50:15~21)

형들은 여전히 죄책감과 두려움 속에서 살고 있었다. 이제는 아버지 야곱도 돌아가셨으니, 애굽의 총리로서 자신들을 심판할 수 있는 권세를 가지고 있는 요셉이 혹시 자신들을 해할지도 모른다는 두려움 가운데 그들은 떨고 있었다. 요셉은 형들이 자신들의 죄를 아버지가 용서하라는 말을 남겼다는 이야기를 들었을 때 울었다.

형제들은 심판 당하지 않으려고, 아버지가 그러라고 했다며 자신들을 용서해 줄 것을 요셉에게 간청했다. 요셉은 형들의 이야기를 들으며, 그의 지나간 세월이 눈앞에 파노라마처럼 지나가는 것을 느낄 수 있었을 것이다. 아버지의 사랑을 받고 채색옷을 입으며 유복하게 살았던 어린시절, 하나님의 사랑으로 놀라운 꿈을 꾸며 마음에 꿈과 소망을 키우며 살았던 일, 형들의 분노로 노예 상인에게 팔려서 애굽의 보디발의 집에서 노예 생활을 시작했던 일, 보디발의 아내의 잘못으로 감옥에 갔던 일, 감옥에서 나와서 애굽 왕의 앞에 서서 꿈을 해몽하고 총리가 되었던 일 등. 그 모든 시련과 환난 가운데도 하나님이 함께하셔서 환란이 변하여 선이 되게 하신 하나님의 은혜에 감사하여 울었다. 요셉의 상한 마음이 치유되고 형들을 용서할 수 있었던 것에는 몇 가지의 요인이 있었다.

첫째로, 요셉의 마음에 부어주신 하나님의 사랑때문이었다. 요셉이라고 왜 형들이 밉지 않았겠는가? 왜 그의 마음속에 분노와 쓴뿌리가 없었겠는가? 그의 마음의 상처를 치유하고, 형들을 용서할 수 있었던 것은 형들이 자신을 팔았어도 하나님은 그 모든 것 가운데 역사하고 계시며, 하나님은 요셉을 버리지 않고 사랑하고 계심을 알았기 때문이다. 오래전 하나님이 보여주셨던 꿈은 요셉으로 하여금 어려움 가운데도 하나님이 자신과 함께하시며, 자신을 인도하고 계신다는 믿음을 갖게 하여 형들에게서 버림받은 상처에서 자유를 얻을 수 있었다.

둘째로, 요셉은 형들도 피해자라는 사실을 알았다. 그는 아버지가 자신을 편애하여 형들의 마음속에 깊은 분노의 상처가 있었다는 것을 알았다. 나 자신에게 상처를 준 사람도, 상처받은 사람이라는 것을 인식할 때 그를 이해하고, 용서할 수 있는 공감의 마음이 생기게 되는 것이다.

셋째로, 요셉은 용서하기로 결단하고, 어떤 복수도 하기를 원치 않았다. 요셉은 용서할뿐만 아니라, 오히려 형들의 자녀들과 형들을 돌보아주겠다고 말했다. 이것이 바로 용서가 가져오는 폭발적인 힘이다. 이 고백을 듣는 순간 형들의 마음은 어땠을까? 형들을 원망하고, 왜 내게 그랬냐고 격노할 줄 알았던 요셉에게 이런 말을 들은 형들은 할말을 잃었을 것이다. 여기서 그들은 하나님 아버지의 놀라운 사랑을 경험하게 되었을 것이다.

마귀는 오늘도 우리가 마음에 상처를 가지고 살고, 일평생 분노하며 살기를 원한다. 그러나 하나님은 우리가 그런 상처를 딛고, 오히려 사랑하고 용서하여 하나님의 놀라운 은혜와 축복을 누리며 평안을 가지고 살기를 원하신다. 하나님은 요셉에게 부어주신 그 사랑과 은혜를 우리에게도 부어주시기를 원하신다. 하늘과 땅을 지으신 좋으신 하나님이 우리를 사랑하시고, 우리의 삶을 회복시켜 주시기를 원하신다. 요셉이 체험한 상한 마음의 치유와 용서를 우리도 경험하여 이웃들에게도 치유와 용서를 전하며 살아가자.

상한 마음을 극복한 사람의 이야기:
크리스 가드너

'행복을 찾아서(The Pursuit of Happiness)'라는 영화는 '크리스 가드너'의 실화를 바탕으로 만들어진 영화이다. 이 영화의 주인공 크리스 가드너는 아버지에게서 버림받고 성장하여 상한 마음을 가지고 살았다. 그는 28세에 아버지를 처음 만난 후, 자신은 절대로 자녀를 버리지 않으리라 맹세했다.

그는 결혼을 하고 아내와 아들과 행복한 삶을 살고 있었다. 그러나 그가 하던 의료기 비즈니스가 망하고, 아내는 집을 나갔다. 이때 크리스 가드너는 자신도 아버지처럼 아들을 버림으로 그 아들에 마음에 상처를 심어줄 수 없다고 생각해서 어떤 일이 있어도 끝까지 아들의 손을 놓지 않았다. 그는 불행한 중에도 상처의 포로가 되지 않고, 상한 마음을 극복하며 행복을 추구

했다. 그는 성공한 증권 브로커를 만난 후 증권 브로커가 되기 위해 시험에 응시했다. 시험에 합격은 했으나, 봉급 없이 6개월 의 인턴과정을 견뎌야 하고 20명 중에서 한 명만 정식 직원이 된다는 것은 그에게 쉬운 일이 아니었다. 봉급이 없으니, 월세가 없어 집에서 쫓겨나게 되었고, 아들과 함께 화장실에서 자기도 하고, 노숙인의 숙소에 머물러 있기도 하였다. 그러나 그 순간에 도 아들의 손을 결코 놓지 않았다. 그는 결국 6개월 간의 인턴과 정을 마치고 증권 브로커로 정식 직원이 되어 1억 8천만 달러의 자산가로 월 스트리트의 신화가 되었다.

버림받은 상한 마음과 경제적인 어려움 가운데도 이 부자를 끝까지 지켜낸 것은 무엇인가? 상한 마음에 포로가 되어 인생을 망가뜨리지 않고, 오히려 상한 마음을 극복하고, 미래에 대한 꿈 을 품고, 행복을 추구하는 마음을 가질 때 결국은 행복한 삶을 살 수 있었다는 것이다. 이 영화에서 필자에게 잊혀지지 않는 한 장면이 있다. 아버지와 아들이 농구 경기를 하고 있었다. 아 들은 키가 작아서 농구공을 던져도 점수를 올릴 수가 없었다. 그러자 아버지는 아들에게 아무런 생각 없이, "너는 안된다."고 말했다. 그러자 아들은 화가 나서 공을 멀리 던져버린다. 그 순 간 아버지는 깜짝 놀라며 아들에게 다가간다. 뭔가 중요한 것을 깨달은 표정이다. 그때 아버지는 아들에게 말했다. "아들아! 네 가 살아가면서 누군가 너에게 다가가서 너는 안된다고 말하는 사람들이 있을 거야. 그러나 그 말을 믿지 말아라. 심지어는 아빠가 너에게 그런 이야기를 한다고 해도 믿지 말아라. 너는 할 수 있다!" 크리스 가드너는 자신의 상한 마음을 극복하고, 삶의 승리를 이루어 낼 수 있었다. 오늘 우리도 힘들고 어려운 환경에 처해 있을 때, 상한 마음에 휘둘리지 말고, 꿈을 가지고 살자. 지금은 어렵지만 좋은 일이 있을 것을 기대하고 살자. 하나님이 늘 우리 옆에 계심을 잊지 말자.

> 두려워하지 말라 내가 너와 함께 함이라 놀라지 말라 나는 네 하나님이 됨이라 내가 너를 굳세게 하리라 참으로 너를 도와 주리라 참으로 나의 의로운 오른손으로 너를 붙들리라
> (사 41:10)

나가는 말

우리는 인생을 살아가면서 수많은 마음의 상처를 받고 살아간다. 문제는 이런 상한 마음들이 처리되지 않고 방치될 때 자신과 이웃과의 관계에서 큰 문제가 된다는 점이다. 어려서부터 받았던 우리의 마음에 감추어진 상처는 치유되어야 한다. 상한 마음이 치유되기 위해서는 목회자와 같은 신뢰할 만한 사람과 자신의 마음의 상한 마음을 고백하고, 치유의 과정을 시작하는 것이 좋다. 때로는 부부가 좋은 상담자가 될 수도 있다. 부부간에 서로 의사가 되고 환자가 되어 서로의 아픔을 고백하고, 서로의 연약함을 들어주며 품어줄 때 그 가정은 상한 마음이 치유되는 놀라운 회복을 경험하게 된다.

날마다 말씀을 읽고 묵상하며, 성경이 우리에게 약속하고 있는 자아상을 발견하고, 하나님이 우리 한 사람, 한 사람을 인정하시고 사랑하시는 것을 깨닫고, 나아가 찬양과 예배를 통하여 우리에게 주시는 하나님의 은혜 가운데 우리의 모든 상한 마음을 예수님께 고백하고, 치유를 경험하는 것이 중요하다. 하나님이 우리를 향한 놀라운 사랑을 인식할 때 우리의 자존감이 회복되고, 상한 마음에서 벗어날 수 있다. 마귀가 우리의 마음 밭에 가라지를 뿌리고 상처를 주는 존재라는 것을 인식하고 항상 마귀를 대적하며 부정적인 말을 버리고, 긍정적인 말, 살리는 말을 하며 살아야 한다.

상한 마음의 치유를 위하여 우리는 용서를 실천해야 한다. 용서의 실천을 위해서 첫째는, 우리의 마음속에 있는 상한 마음을 드러내야 한다. 내가 어떤 상한 마음이 있는지 살펴보고, 자신의 상한 마음이 나타나는 근본적인 원인이 무엇인지 살펴보라는 것이다. 둘째는, 자신이 상한 마음의 원인이 파악되었으면, 그 상한 마음을 준 가해자를 떠올려 보아야 한다. 내게 상한 마음을 준 가해자도 알고 보면 피해자이다. 그 사람도 어린시절부터 수많은 상처를 받고 살다 보니 자신도 모르게 다른 사람에게 상처를 주는 가해자가 되었다는 것이다. 그런 가해자가 부모일 수도 있고, 선생님이나 형제, 자매와 같은 사람일 수 있다. 그런 가해자도 사실은 누군가에게 상처를 받은 피해자라는 것을 인식하고, 공감하는 것이 중요하다. 내게 상처를 준 가해자도 이미 다른 사람에게 피해를 입은 사람이었다는 것을 공감할 때 그 사람의 아픔을 이해하게 되고, 비로소 우리도 그를 용서할 수 있는 마음의 준비를 할 수 있게 된다. 셋째, 우리에게 상처를 준 가해자를 용서하도록 결단하라는 것이다. 그에게 우리가 줄 수 있는 최고의 것은 용서이다. 예수님은 십자가에서 돌아가시면서 우리의 죄를 용서하시고, 우리에게 살 길을 열어주셨다. 우리가 예수님께 용서의 선물을 받은 것처럼 우리에게 상처를 준 가해자를 용서하자는 것이다. 넷째, 한번 용서했다고 용서가 끝난 것은 아니다. 우리의 마음속에 받았던 상한 마음이 또 다시 떠 오를 수 있다. 그럴때마다 우리는 상처를 준 사람을 또 용서하는 것이다. 용서를 지속할 때 우리의 마음속에는 더욱 자유함이 생기고, 상한 마음이 치유되게 되는 것이다. 용서를 지속하기 위해서 우리는 매일 성경 말씀을 묵상하고, 예수님의 십자가의 은혜를 바라보고 예배하며, 날마다 나 자신이 하나님 안에서 새로운 피조물이 되었다는 것을 인식하고 고백하며 살아가는 것이 중요하다. 예수님은 우리를 온전케 하시는 주님이시기 때문이다(히 12:2).

상한 마음에서 성숙으로

하나님은 우리의 상한 마음이 치유되어 마음에 평강이 있고, 건강한 삶을 살아가기를 원하신다. 하나님은 우리의 마음이 먼저 회복되어 우리 주변에 상한 마음으로 고통하는 이웃들을 도와주고 살기를 원하신다. 우리의 상한 마음의 치유되면, 우리가 다른 사람들을 바라보는 눈이 달라진다. 과거보다 사람들을 훨씬 더 이해하고 공감할 수 있는 눈이 생긴다. 상한 마음이 치유되기 전에는 남편과 아내가 서로를 바라보면서 '이 사람은 왜 성격이 이렇게 사납지? 이 사람은 왜 이렇게 화를 내지?' 그렇게 생각하던 사람들이, '아! 이 사람이 어린 시절부터 오늘까지 살아오면서 상처를 많이 받아서 힘들어서 그러는구나.' 하고 이해하고 불쌍히 여기게 되는 것이다. 그만큼 성숙해진 것이다.

상한 마음에서 성숙의 단계로 가려면 우리는 상한 마음에 머물러서 살지 말고, 예수님과 동행하며 예수님의 안에서 살아가야 한다. 예수님은 상처받은 치유자이시다. 예수님은 수많은 무리들을 가르치시고, 그들에게 복음을 전하시고, 치료하셨다. 그런데 그렇게 사랑을 베풀었던 백성들이 예수님을 십자가에 못박으라고 외치는 폭도로 변해버렸다. 예수님은 사람들에게 거절을 당하셔서 상처를 받으셨기에 우리의 거절감도 이해하신다. 우리가 상한 마음을 가지고 예수님께 나와 예수님 안에 거하며, 예수님과 동행하는 삶을 살면 예수님은 우리의 상한 마음을 치유해 주신다. 우리는 우리의 상한 마음이 치유되면서 다른 사람들을 더 이해하게 되며 불쌍히 여기고 사랑하게 되어 더 성숙한 사람이 된다. 이때 비로서 하나님이 말씀하신 계명을 이루며 살 수 있다. 하나님의 계명이 무엇인가? 서로 사랑하며 살라는 것이다.

> 둘째는 이것이니 네 이웃을 네 자신과 같이 사랑하라 하신 것이라 이보다 더 큰 계명이 없느니라(막 12:31)

상한 마음이 치유되기 전에는 자신의 상처를 돌보기에 급급하여 다른 사람의 상처와 다른 사람을 이해하는 것이 어렵다. 그러나 우리의 상처가 치유되고 마음에 평안이 임하면, 이웃들의 아픔과 연약함을 돌볼 수 있는 마음이 생기며, 이웃을 사랑하며 살 수 있게 된다.

상한 마음이 치유되고 나서 우리는 어떤 태도를 가지고 살아야 할까? 바울은 항상 기뻐하며 살라고 이야기한다. 인생에는 어려움도 다가오고, 문제도 다가온다. 그러나 어떤 어려움 가운데도 우리는 기쁨을 선택해야 한다. 때때로 상한 마음이 다시 올라올 수 있다. 마귀는 우리의 기억속에 있는 상한 마음을 기억나게 한다. 그러나 그럴때마다 하나님의 은혜로 치유받은 자신을 떠올리며 항상 기뻐하기로 결단하자.

항상 기뻐하라(살전 5:16)

어떻게 보면 바울의 "항상 기뻐하라"는 말은 불가능해 보이기까지 한다. 어떻게 항상 기뻐하며 살 수 있겠는가? 문제와 어려움을 만날 때 어떻게 기뻐할 수 있겠는가? 그러나 삶을 긴 여정으로 볼 때 어려움이 있다고 해도, 그 어려움은 결국 지나가는 것이다. 하나님이 우리의 인생을 기쁨으로 바꾸어 주실 것을 믿고, 기뻐하며 살기로 결단해야 한다. 인생은 선택이다. 우리는 우울과 불안을 선택할 수도 있고, 기쁨을 선택할 수도 있다. 삶을 낙관적으로 바라보아야 한다. 지금 당장 어려움이 있어도 결국은 좋으신 하나님이 우리에게 좋은 것을 주실 것을 믿고, 기쁨을 잃어버리지 말자. 우리 마음에 기쁨을 가지고 살기 위해서 우리는 순간순간 다시 올라오는 상한 마음을 모두 예수님께 맡겨야 한다. 내게 상처를 준 사람을 공감하고, 용서해야 한다. 내가 상처받은 것과 같이 나도 누군가에게 상처를 주고 살아왔다는 것을 기억해야 한다. 나도 모르게 내가 다른 사람에게 상처를 준 것을 회개하자.

염려하지 말고 매순간을 감사하며 살아가자. 많은 사람들이 아직 오지도 않은 미래를 걱정하며, 염려하고 살아간다. 염려하지 말고, 감사로 하나님께 기도하면 하나님이 모든 것을 이루신다.

아무것도 염려하지 말고 다만 모든 일에 기도와 간구로, 너희 구할 것을 감사함으로 하나님께 아뢰라(빌 4:6)

하나님은 오늘 우리의 삶속에 상한 마음을 치유하시고, 회복의 은혜를 주시기를 원하신다. 오늘까지 우리는 어떤 염려를 안고 살아왔나? 오늘부터 이제 더 이상 염려하고 살지 말자. 염려는 우리의 마음을 갉아먹고 사는 기생충이다. 우리의 마음을 부정적으로 만든다. 염려 대신 감사하고 살자. 십자가를 바라보고, 십자가에서 예수님이 우리에게 베푸신 그 사랑을 묵상하며 감사하며 살자. 이제는 상한 마음의 노예가 되어서 살지 말자. 예수님 앞에 우리의 상한 마음을 모두 내려놓고 예수님이 주시는 평안을 가지고 기쁨과 감사의 마음으로 살아가자. 상한 마음에 휘둘려서 살아가는 삶이 아니라 성숙한 사람이 되어서 살아가자.

이 책을 통하여 우리 주변에서 상한 마음으로 고통받는 이웃들이 자신의 상한 마음의 원인을 발견하고, 상한 마음의 치유와 용서의 여정을 통하여, 마음의 치유를 경험함으로써 마음의 평안을 회복하며, 주변에서 상한 마음으로 인하여 분노하고, 고통을 주는 사람에 대한 새로운 이해를 가져서 그들을 공감하여 한결 여유있는 눈으로 주변의 사람들을 대하고, 평안한 마음으로 살게 된다면 필자에게는 큰 기쁨이 되겠다.

미주

1 한겨레 인터넷 신문 2005년 7월 9일.

2 임동환, "영산 조용기 목사의 용서연구",『영산신학저널』Vol. 35(2015), pp. 231~258, 임동환, "영산 조용기 목사의 신학의 미래: 4차원의 영성을 통한 용서",『영산신학저널』Vol. 38(2016), pp. 203~234.

3 로버트 엔라이트, 채규만 역,『용서치유-용서는 선택이다』, 서울: 학지사, 2008, p. 38.

4 Ibid., pp. 39~41.

5 손운산,『용서와 치료』, 서울: 이화여자대학교출판부, 2008, pp. 29~31.

6 재니스 A. 스프링, 양은모 역,『용서의 기술』, 서울: 메가트렌드, 2009, p. 33.

7 Ibid., pp. 50~51.

8 Ibid., p. 67.

9 Ibid., pp. 78~79.

10 Ibid., p. 85.

11 로버트 D. 엔라이트,『Forgiveness is a choice』, Washington, DC: American Psychological Association, 2001, p. 135.

12 재니스 A. 스프링., pp. 85~168.

13 Ibid., pp. 185~253.

14 D. M. Tutu & M. A. Tutu, 『The book of forgiving: The four-fold path for healing ourselves and our world』, New York, NY: Harper Collins. p. 88.

15 Ibid., p. 104.

16 Ibid., p. 125.

17 에베렛 워딩턴, 윤종석 역,『용서와 화해』, 서울: IVP, 2006, p. 88.

18 로버트 엔라이트,『용서치유-용서는 선택이다』, p. 22.

19 Ibid., pp. 99~101.